Karl-Heinz Golzio

Geboren 1947, Studium der
Vergleichenden Religionswissenschaft,
Indologie und Orientalischen Kunstge-
schichte, zahlreiche Veröffentlichungen
u. a. zu Themen der indischen
Philosophie und zum Buddhismus.

Karl-Heinz Golzio
BASISWISSEN

JUDENTUM

Gütersloher Verlagshaus

Originalausgabe

Bibliografische Information Der Deutschen Bibliothek
Die Deutsche Bibliothek verzeichnet diese Publikation in der
Deutschen Nationalbibliografie; detaillierte bibliografische Daten
sind im Internet über http://dnb.ddb.de abrufbar.

ISBN 3-579-00651-7
2. Auflage 2004
Gütersloher Verlagshaus GmbH, Gütersloh 2000

Das Werk ist einschließlich aller seiner Teile
urheberrechtlich geschützt.
Jede Verwertung außerhalb der engen Grenzen
des Urheberrechtsgesetzes ist ohne Zustimmung
des Verlages unzulässig und strafbar.
Das gilt insbesondere für die Vervielfältigung,
Übersetzungen, Mikroverfilmungen und die
Einspeicherung und Verarbeitung
in elektronischen Systemen.

Lektorat: Birgit Schreiber, Recklinghausen
Umschlaggestaltung: Init GmbH, Bielefeld
unter Verwendung eines Fotos © corbis
Druck und Bindung: GGP Media, Pößneck

Printed in Germany

www.gtvh.de

Inhalt

Vorwort

Die Grundlagen

Der Glaube 10
Die heiligen Schriften der Juden 17
Zum Verhältnis von Christen und Juden 23
Glaubensrichtungen 27
Der Zionismus 28
Der Holocaust 30
Der Staat Israel 33

Die Lebenspraxis

Die jüdische Gemeinde 36
Der Sabbat 40
Erzähltradition und Humor 42

Die Feste

Persönliche Feste 46
Die allgemeinen jüdischen Feste 49

Jüdische Persönlichkeiten

Moses Maimonides 62
Schabbetai Zevi 65
Abraham Geiger 68
Leo Baeck 70
Martin Buber 71
Solomon Schechter 73
Joseph Soloveitchik 74
Levi ben Gershom 76

Anhang

Der jüdische Kalender 80
Zahlenspiegel 82

Glossar 88
Weiterführende Literatur 91

Vorwort

Wer sich heute mit dem Judentum beschäftigen möchte, ist meist auf Literatur angewiesen, denn Berührungspunkte mit jüdischem Leben im Alltag haben die wenigsten. Und auch wenn das Interesse am Judentum nach wie vor besteht, so ist ein fundiertes Wissen über diese Weltreligion eher selten anzutreffen.

Dies ist umso erstaunlicher, als das Christentum, das lange Zeit ein prägender Faktor Europas war und zum Teil noch ist, seine Wurzeln in der jüdischen Religion hat. Mehr noch, die europäische Kultur und vor allem Literatur ist ohne den Einfluß jüdischer Persönlichkeiten kaum denkbar.

Der Grund für diese mangelnde Kenntnis des Judentums liegt nicht zuletzt in der jahrhundertelangen Feindschaft der Christen, die mit einer weitverbreiteten Ablehnung einhergeht, sich mit der Religion der Juden ernsthaft auseinanderzusetzen.

Der vorliegende Band »Basiswissen Judentum« will einen bescheidenen Beitrag dazu leisten, die jüdische Religion in ihren Grundzügen darzustellen. In verständlicher Sprache und ohne Anspruch auf Vollständigkeit erhalten Leserinnen und Leser einen ersten Einblick in die Geschichte, die Tradition, die religiöse Praxis, das Brauchtum und die Feste des Judentums. Kurze Portraits einiger ausgewählter Persönlichkeiten runden das Bild ab. So mag der Band dazu anregen, sich intensiver mit der jüdischen Religiosität, Philosophie und Geschichte zu beschäftigen. Alle an Details interessierten Leserinnen und Leser seien auf die weiterführende Literatur am Schluß des Buches verwiesen.

Karl-Heinz Golzio

Der Glaube

Die heiligen Schriften der Juden

Zum Verhältnis von Christen und Juden

Glaubensrichtungen

Der Zionismus

Der Holocaust

Der Staat Israel

Die Grundlagen

Der Glaube

Der Begriff Judentum

Auf die Frage, was denn eigentlich unter Judentum oder gar jüdischer Identität zu verstehen ist, wird man sehr unterschiedliche Antworten erhalten. Die einen sehen darin in erster Linie eine Religionsgemeinschaft, deren zentraler Kern das Bekenntnis zu dem Einen Gott, dem Gott Israels *(Schema' Israel)* sei. Die anderen berufen sich dagegen auf eine gemeinsame Herkunft, die durch eine jüdische Mutter und die Abstammung von »unseren Vätern Abraham, Isaak und Jakob« gegeben ist. Wieder andere sehen im Judentum eher eine Konstruktion, einen geistigen Prozeß (Martin Buber), so daß die Zugehörigkeit zum Judentum eine Frage des Bewußtseins oder Bekenntnisses ist. Und schließlich betrachten manche das Judentum als eine Frage der Fremdzuschreibung, wozu nicht zuletzt die lange Geschichte des Antisemitismus beigetragen hat. So formulierte Sartre jenen zynischen Satz: »Der Jude ist Jude, weil ihn die Gesellschaft als Juden betrachtet.«

Jede dieser Antworten beleuchtet einen Aspekt des Judentums und erzählt zugleich von der Faszination und Provokation, die vom Judentum ausgeht. Darüber hinaus verweist jede dieser Perspektiven auch auf die Tradition und Geschichte, die mit dem Begriff Judentum verbunden ist.

Das, was heute als Universalreligion Judentum verstanden wird, hat unstrittig seine Wurzeln in der Religion des alten Israel, jenes auserwählten Gottesvolkes, von dem die Bibel erzählt. Obwohl das Judentum eindeutig nachbiblisch ist, sind die heiligen Schriften – die *Torah* (fünf Bücher des Moses), die *Nebi'im* (»Propheten«) und *Ketuvim* (übrige Schriften), also das, was von den Christen später als das Alte Testament bezeichnet wurde – das Fundament jüdischen Glaubens. Das hat zwei Gründe: Zum einen wird in ihnen die Geschichte des Volkes Israel von seinen Anfängen an geschildert, was für ein Verständnis des Judentums wie des neuen Israel entscheidend ist. Zum anderen enthalten die heiligen Schriften die *Torah* (»Lehre«), die Gebote und Weisungen Gottes, die, so der Glaube, das Volk Israel von Gott selbst erhalten hat – ein Hinweis auf die Auserwähltheit Israels.

Die allmähliche Ersetzung des Namens »Israeliten« durch »Juden« ergab sich aus der Spaltung des Staates in ein Nordreich »Israel« und ein Südreich »Juda« mit der Hauptstadt Jerusalem nach dem Tode Salomons und insbesondere nach der Vernichtung des Nordreiches durch die Assyrer im Jahre 722 v. Chr. Die daraus abgeleitete Bezeichnung »Judentum« erscheint noch später, und zwar in der sogenannten nachbiblischen Zeit, die ungefähr mit dem Auftreten des Hellenismus in Palästina gleichgesetzt werden kann. Es handelt sich um die Zeit nach der Eroberung des Vorderen Orients durch Alexander den Großen (nach 332 v. Chr.), als das Territorium des ehemaligen altisraelischen Königreiches zuerst zum Machtbereich der Ptolemäer und seit 198 v. Chr. zu dem der Seleukiden gehörte. So berichtet das Buch der Makkabäer (2,21), einem Werk des 2. Jahrhunderts v. Chr., im Zusammenhang mit jener Gruppe, die sich gegen die religiöse, kulturelle und politische Überfremdung zu Wehr setzt, von »Himmelserscheinungen, die jenen zuteil wurden, die für das Judentum ehrenvoll und tapfer gestritten haben ...«. Auch Paulus gebrauchte diesen Begriff in seinem Brief an die Galater (1,13), um auf seine Herkunft zu verweisen: »Ihr hörtet ja von meinem einstigen Wandel im Judentum (*Iudaismos*) ...«

Doch der Ursprung des jüdischen Volkes und damit des Judentums läßt sich historisch viel weiter zurückverfolgen, wie weit, kann nicht mit letzter Gewißheit gesagt werden. Nach Zeugnis der heiligen Schriften heißt es, daß eine Verwandtschaftsgruppe, die *Bene Jakob* (Nachkommen des Jakob) allmählich ihr Nomadentum aufgab und sich im Gebiet von Kanaan niederließ. Je nach Überlieferung folgten einzelne Zweige dieses Clans unterschiedlichen Wegen und erlitten verschiedene Schicksale. Ein bedeutender Wendepunkt, der u. a. dazu beitrug, daß die einzelnen Gruppen sich zum Volk Israel zusammenschlossen, war die Versklavung in Ägypten und die Befreiung von ihr durch den Gott JWHW. Ein weiterer Wendepunkt war der Bund des Volkes Israel mit eben jenem Gott JWHW (der häufig Jahweh ausgesprochen wird) am Sinai, der mit der Überreichung der *Torah* an Moses einherging.

Diese zentralen Ereignisse bilden die Grundlage der jüdischen Religion. Sie prägen entscheidend das jüdische Festjahr, was besonders am *Pessach*fest deutlich wird, wenn an die Befreiung aus der Knechtschaft in Ägypten gedacht wird. Insofern ist das Judentum eine entschieden historisch denkende Religion, von der alle Ereignisse – die positiven wie negativen – während der langen Geschichte im Lichte des Verhältnisses des Auserwählten Volkes zu seinem Gott gesehen wird.

Das Glaubensverständnis

Die Bibel gibt ein zusammenhängendes Bild über die Ursprünge des Judentums, die mit dem Schöpfungsakt Gottes beginnen, danach aber ständig konfliktbeladen sind, angefangen mit dem Sündenfall des ersten Menschenpaares. Diese Konflikte wurden nach dem Glauben der Israeliten und später auch der Juden immer wieder gelöst, und zwar durch eine Folge von Bundesschlüssen, die Gott mit bestimmten Menschen schloß und die im Bund mit Moses gipfelten, der die Israeliten aus Ägypten führte.

Damit fanden die Bundesschlüsse jedoch keinesfalls ihren Abschluß. Vielmehr wird hier der Anspruch erhoben, daß Israel heilig sein soll, wie Gott heilig ist, und daß das Volk sein Gebot *Schema'*, »Höre, oh Israel ...«, befol-

Der Glaube

gen soll. Wenn das Volk die Gebote des Bundes achtet, wird es allen gut gehen; im anderen Fall aber ist mit Leiden und Unglücken zu rechnen, mit denen das jüdische Volk im Laufe seiner Geschichte nur zu oft konfrontiert wurde. In diesem Sinne ist Israel eine vorweggenommene Gemeinschaft, die Gott mitten in die Zeit gesetzt hat, um ein Abbild der Harmonie darzustellen, die Gott in der Schöpfung vorgesehen hatte und die schließlich der ganzen Menschheit zuteil wird, »wenn das Wissen Gottes die Erde bedecken wird, wie die Wasser das Meer bedecken« (Habakkuk 2,14).

Das jüdische Leben ist nach festgesetzten Normen geregelt, die sich von anderen Lebensweisen unterscheiden und gewöhnlich mit dem hebräischen Wort *Halachah* (»Gang, Wandel«) bezeichnet wird. Damit ist entweder das gesamte jüdische Gesetz (im Singular) oder es sind einzelne Verhaltensregeln (Plural *halachot*) gemeint. Nach der Tradition glaubt man, daß die *Halachah* in ihrer Gesamtheit auf Moses zurückgeht. So hat der jüdische Geschichtsschreiber Flavius Josephus (1. Jahrhunderts n. Chr.), unter anderem Verfasser eines Buches über den *Jüdischen Krieg* gegen die Römer, dieses »Grundgesetz« des jüdischen Volkes folgendermaßen formuliert: »Nachdem er (Moses) ihnen die gesamte Art und Weise des Lebens durch das Gesetz zusammengefaßt hatte, überredete er sie dazu, dies anzunehmen und erreichte damit, daß die Lebensführung auf ewige Zeiten völlig unverändert bewahrt wurde«. Nach dem mittelalterlichen spanisch-jüdischen Philosophen Maimonides (1135–1204) sind »in all diesen Schriften das Erlaubte und das Verbotene erklärt ... so wie es von einer Person zur nächsten aus dem Mund des Moses, unserem Lehrer auf dem Sinai überliefert wurde«.

Die *Halachah* besteht aus dem geschriebenen Gesetz, das sich aus insgesamt 613 Geboten des Pentateuch (den fünf Büchern des Moses) zusammensetzt, den Aussagen, die durch die Tradition überliefert sind.

Wenn man also den Kern des jüdischen Glaubens zusammenfassen will, dann besteht er in erster Linie in dieser besonderen Beziehung des Volkes zu seinem Gott, eine Beziehung, die durch Gebote und Verbote festgelegt ist. Dabei spielte sehr häufig die Frage eine große Rolle, ob man diesem Kodex auf jeden Fall buchstabengetreu folgen soll oder ob es wichtiger ist, dem Geist des Gesetzes zu folgen. Schon am Beginn jener Epoche, in der das Judentum seinen Anfang nahm, kam es zur Auseinandersetzung zwischen »fortschrittlichen«, d.h. dem Hellenismus zugeneigten, und »konservativen« Gruppen. Während dieser Auseinandersetzung, die in einen Krieg gegen die seleukidische Oberherrschaft einmündete, erhob sich beispielsweise die Frage, ob man am Sabbat Waffen tragen und sogar militärischen Widerstand leisten dürfe. Im 1. Buch der Makkabäer wird von einer Gruppe berichtet, die sich widerstandslos am Sabbat niedermetzeln ließ, woraufhin der jüdische Führer Mattatias und seine Gefolgsleute beschlossen, gegebenenfalls auch am Sabbat zu kämpfen. Dies ist ein möglicher Hinweis darauf, daß das im Gefolge des *Holocaust* (der systematischen Vernichtung der Juden durch die Nazis) formulierte 614. Gebot »Du sollst überleben« schon sehr früh seine Gültigkeit hatte.

Dennoch gab es auch Streitigkeiten darüber, ob nur das geschriebene Gesetz, die *Torah sche-bi-chetav*, oder auch das mündliche Gesetz, die *Torah sche-be'al peh* zu befolgen sei. In den Tagen des zweiten Tempels war die Gültigkeit des mündlichen Gesetzes ein Hauptstreitpunkt zwischen zwei Gruppen, die auch aus dem christlichen Neuen Testament vertraut sind – den Pharisäern und den Sadduzäern, wobei letztere sich nur an das geschriebene Gesetz hielten. Die willige Annahme des Jochs der *Halachah* wird von vielen als charakteristisch für das Judentum angesehen. Tatsächlich ist es richtig, daß die Frage des rechten Verhaltens ein zentraler Punkt im Judentum ist. Nach den Orthodoxen ist die *Halachah* gottgegeben und muß befolgt werden. Die fortschrittlichen Bewegungen

Der Glaube

erweisen der *Halachah* zwar ihre Ehrerbietung, lehnen es aber ab, sie für jeden Aspekt des Lebens als bindend zu betrachten.

Obwohl das Judentum dem Außenstehenden somit den Eindruck vermitteln könnte, es handele sich um eine Religion, in der das Gesetz vorherrscht, ist es nicht in jeder Beziehung vom Gesetz bestimmt, obwohl man jahrhundertelang bis in die Gegenwart unaufhörlich an der Bedeutung der *Torah* gearbeitet hatte. Aber die Juden beachten das Gesetz (wenn sie es wirklich befolgen) nicht deshalb peinlich genau, weil sie die Gunst Gottes gewinnen wollen, sondern einfach, weil er es ihnen aufgetragen hat. Die *Torah* ist eine Sprache der Liebe, eine Art, zu Gott ja zu sagen, und zwar nicht etwa in Erwartung einer Belohnung. Denn während beinahe des gesamten biblischen Zeitraums existierte noch nicht einmal der Glaube, daß das Leben nach dem Tod mit Gott fortgesetzt werden könne; somit gab es keine Belohnung für die Gläubigen nach dem Tod.

Dann jedoch schien die Vorstellung nicht mehr zumutbar, in der Schöpfung und der Geschichte die Treue Gottes zu seinem Volk zu erleben und gleichzeitig anzunehmen, daß Gott nicht in der Lage sei, dies über den Tod hinaus fortzusetzen. Man glaubte, die Toten führten nur eine schattenhafte Existenz unter der Erde in der *Scheol*, einer Art Unterwelt, in der alle Beziehungen zu Gott abgebrochen sind. Aus diesem Grund leugneten die Sadduzäer die Auferstehung, weil sie sich darauf berufen konnten, daß derartige Lehren in der *Torah* nicht existieren. Erst in den späteren Büchern der Bibel taucht die Lehre von der Auferstehung der Toten auf, und der im 1. Jahrhundert n. Chr. lebende Philosoph Philo lehrte, daß die Einzelseele unsterblich sei. Im allgemeinen glaubte man, daß die Einzelperson vor dem Endgericht wiederhergestellt wird und die Rechtschaffenen sich für immer der Gegenwart Gottes erfreuen dürfen. Die Bösen werden allerdings bestraft werden.

Dies mag schlaglichtartig darauf hinweisen, daß auch Glaubensüberzeugungen dem Wandel unterliegen. Entsprechend gab es im Judentum verschiedentlich Versuche, Glaubensartikel zu formulieren, von denen der fundamentalste *Schema' Israel* ist, das Bekenntnis, daß es nur einen Gott gibt: »Höre Israel, der HERR ist unser Gott, der HERR ist einer«. Auch Philo hat zum Beispiel acht Prinzipien herausgearbeitet, aber am bekanntesten und anerkanntesten dürften die dreizehn Glaubensartikel des bereits genannten Philosophen Maimonides sein:

1. Gott existiert,
2. Gott ist ein einziger,
3. Gott besitzt keinen Körper,
4. Gott ist ewig, ohne Anfang und Ende,
5. Gott allein besitzt Göttlichkeit und nur er darf angebetet werden,
6. Die Worte der Propheten sind gültig,
7. Moses war der bedeutendste Prophet,
8. Moses erhielt die ganze *Torah*,
9. Die *Torah* ist vollständig und wird nicht durch eine andere ersetzt,
10. Gott ist allwissend,
11. Gott wird diejenigen, die seine Gebote beachten, belohnen und die anderen bestrafen,
12. Der Glaube an die Ankunft des Messias,
13. Der Glaube an die Auferstehung der Toten zu einem Zeitpunkt, der Gott gefällt.

Im 12. Glaubensartikel erscheint die Gestalt des Messias, des *ha-Maschiah*, des »Gesalbten«, womit ursprünglich ein Nachkomme aus dem Hause des Königs David bezeichnet wurde, von dem man die Wiederherstellung des jüdischen Königreiches erwartete. Nachdem sich diese Hoffnungen jedoch nicht erfüllten, erwartete man vom Kommen des Messias nicht mehr so sehr eine Rückkehr zu den goldenen Tagen, sondern die Errichtung des Königreiches Gottes und den Höhepunkt der Menschheitsgeschichte.

Dies führte im Verlauf der jüdischen Geschichte zum Auftreten einer ganzen Reihe messianischer Gestalten: So wurde auch Jesus von seinen Anhängern als Messias (griech. *christos*) betrachtet, und im 2. Jahrhundert knüpften sich große Erwartungen an Simeon Bar Kochba, der in einem großen Aufstand (132–135 n. Chr.) die Römer aus dem Land zu vertreiben suchte. Nach der Zerstreuung (Diaspora) der Juden in viele Teile der Welt war mit dem messianischen Zeitalter immer die Hoffnung auf die Rückkehr aller Juden nach *Erez Israel,* dem »Gelobten Land«, verbunden. Eine der bedeutendsten Gestalten in der neueren Zeit, die den Anspruch erhob, der Messias zu sein, war Schabbetai Zevi (1626–1676), der im damaligen Osmanischen Reich eine große Anhängerschaft um sich versammelte. Er ist ein gutes Beispiel dafür, mit welchem Enthusiasmus seine Bewegung aufgenommen und weitergeführt wurde, aber auch dafür, welche Enttäuschung und starke Ablehnung sie auszulösen vermochte.

Doch nicht nur derartige angebliche Erfüllungen von Glaubensvorstellungen wurden aufgenommen, sondern auch die Glaubensinhalte – wie z. B. die Messiaserwartung – wurden selbst von den verschiedenen Gruppen im Laufe der Geschichte nicht einheitlich interpretiert. Zum Verständnis der Grundlagen des jüdischen Glaubens ist es unabdingbar, auf seine Quellen einzugehen.

Die heiligen Schriften der Juden

Die hebräische heilige Schrift – das Alte Testament der Christen – besteht aus drei Hauptgruppen, nämlich aus der *Torah* (»Lehre«), den *Nebi'im* (»Propheten«) und den *Ketuvim* (übrige Schriften). Aus den hebräischen Anfangsbuchstaben dieser Bezeichnungen wurde der Begriff *Tanach* oder *Tanakh* gebildet.

Torah bedeutet »die Lehre der jüdischen Religion« und wird im Griechischen auch als Pentateuch (»Fünferbuch«, d. h. die fünf Bücher des Moses) bezeichnet. Im engeren Sinn meint der Begriff *Torah* alle Gesetze zu einem bestimmten Thema oder die Summe aller Gesetze. Später wurde zwischen dem geschriebenen und dem mündlichen Gesetz unterschieden. In der nachbiblischen Zeit lehrten die Rabbis, jene Gelehrten, die die jüdische Tradition aufrechterhielten, zwar einerseits, daß Moses die *Torah* auf dem Berg Sinai erhalten hatte, andererseits betonten sie, daß sie bereits vor der Erschaffung der Welt existierte (übrigens finden sich im Islam ähnliche Gedankengänge über den Koran). Rabbi Akiba, einer der bedeutendsten jüdischen Gelehrten (ca. 50–135 n. Chr.) behauptete, daß die *Torah* »das kostbare Werkzeug war, durch das die Welt erschaffen wurde«.

Die *Torah*, die sogenannten »Fünf Bücher des Moses«, setzt sich aus folgenden Werken zusammen:

1. Genesis (»Schöpfung«) oder *Bereschith* (nach den Anfangsworten »Am Anfang«): Sie enthält die Erzählung der Schöpfungsgeschichte, der frühen Menschheitsgeschichte und der Patriarchen von Abraham bis zur Geschichte von Joseph und seinen Brüdern.

2. Exodus (»Auszug«) oder *Schemoth* (»Name«): In ihm findet sich die Geschichte vom Auszug der Israeliten aus Ägypten unter der Führung des Moses, die Wanderung durch die Wildnis und die Verkündung der Zehn Gebote bzw. die Übergabe der Torah auf dem Berg Sinai durch Jahweh an Moses und die Erneuerung des Bundes.

3. Leviticus (»Buch der Leviten, Priester«) oder *Wayyikra* (»und er rief«, das erste Wort des Textes): Das Buch bringt eine Anleitung für den Opferdienst, spricht von ritueller Reinigung, Speisegesetzen und Kulthandlungen der Priester (Leviten). Besonders hervorgehoben wird, daß das Volk Israel so heilig wie Gott sein soll.

4. Numeri (»Zahlen, Aufzählungen«) oder *Be-Midbar* (»in der Wildnis«): Es schildert den Weg der Israeliten vom Sinai bis an die Grenzen Kanaans. Der Beginn beschreibt den neunzehntägigen Aufenthalt am Sinai, bei

dem auch eine Volkszählung vorgenommen (daher der Name) und der Tabernakel, eine Art transportierbares Heiligtum, das die Bundeslade beherbergt, ausgestattet wurde.

5. Deuteronomium (»zweites Gesetz«) oder *Dewarim* (»Wörter«, das zweite Wort des Textes): Es enthält eine lange Abschiedsrede des Moses, zu der die Zehn Gebote, *Schemaʿ Israel* und das deuteronomistische Gesetz gehören, das sich mit religiösen Pflichten, zivilen Einrichtungen und verschiedenen anderen Gesetzen beschäftigt.

Obwohl die *Torah* speziell den Israeliten offenbart wurde, richtet sich ihre Botschaft doch an die ganze Menschheit, und es kursiert der Satz, daß ein Heide, der die *Torah* studiert, so viel wert wie ein Hohepriester sei. Die *Torah*, die in Form von Pergamentrollen in der Synagoge aufbewahrt wird, spielt beim dort stattfindenden Gottesdienst eine große Rolle. Demgegenüber haben die übrigen Bücher des *Tanach* in bezug auf ihren Offenbarungswert keine solch herausragende Bedeutung, wenngleich sie historisch gesehen für die Entwicklung der jüdischen Religion äußerst wichtig waren.

Zu den Büchern der Propheten gehören nicht nur jene, die im eigentlichen Sinne die Aussagen einzelner Propheten enthalten, sondern auch die geschichtlichen Bücher wie Josua, Richter, Samuel und Könige. Dann folgen die drei Bücher der großen Propheten Jesaja, Jeremia und Ezechiel sowie die zwölf Bücher der kleineren Propheten Hosea, Joel, Amos, Obadja, Jona, Micha, Nachum, Habakkuk, Zephania, Haggai, Zecharja und Maleachi. Auch die ersten Bücher werden zu den prophetischen gerechnet, weil in ihnen die früheren Propheten, wie z. B. Samuel, Nathan, Elijah und Elischa, vorkommen, die in der Lage waren, die Zukunft im Namen Gottes vorherzusagen. Zumeist waren sie Mahner entweder des Königs oder des ganzen Volkes. Häufig versuchten sie, daß von ihnen verkündete Unheil durch Fürsprache bei Gott abzuwenden.

Zum dritten Abschnitt schließlich gehören die Psalmen, Sprüche, Hiob, das Hohelied, Ruth, Klagelieder, Ecclesiastes (Koheleth, Prediger), Esther, Daniel, Esra, Nehemia und die zwei Bücher der Chronik. Alle diese Werke sind nach der Zerstörung des Reiches Judah und des ersten Tempels durch die Babylonier im Jahre 586 v. Chr. entstanden, d. h. in jener Zeit, als Israel seine staatliche Unabhängigkeit verlor und viele Juden ins Exil nach Babylonien verschleppt worden waren. Einige der Bücher sind erst im 4. und 3. Jahrhundert v. Chr. entstanden, und das Buch Daniel kann mit Sicherheit auf die Zeit um 165 v. Chr. datiert werden.

Zu den apokryphen (»geheimen«) Schriften, die nicht in den *Tanach* aufgenommen wurden, zählen solche Bücher wie Tobit, Judith, die zwei Bücher der Makkabäer und viele andere mehr. Sie entstanden hauptsächlich im Zeitraum vom 2. Jahrhundert v. Chr. bis zum 2. Jahrhundert n. Chr. Sie spielten im Judentum lange Zeit kaum eine Rolle, wurden aber Teil der griechischen Bibelübersetzung, die als *Septuaginta* (»70«) bezeichnet wird. Diese Übersetzung wurde im 3. und 2. Jahrhundert v. Chr. in Alexandria erstellt, wobei zunächst nur der Pentateuch und dann der Rest der Schrift übersetzt wurde. Der Name geht auf eine Legende zurück, nach der 70 (oder 72) Männer unabhängig voneinander gleichlautende Übersetzungen anfertigten. Während die Septuaginta im Judentum keine besondere Bedeutung hatte, bildete sie im Christentum die Grundlage für die lateinische Übersetzung des Hieronymus, die als *Vulgata* (»volkstümlich«) bezeichnet wird (Ende des 4. Jahrhunderts n. Chr.). Erst in der Renaissance kamen jüdische Gelehrte wieder verstärkt in Kontakt mit diesen Schriften.

Die Nichtberücksichtigung der griechischen Übersetzung dürfte mit der Abwendung der Juden von der hellenistisch-römischen Kultur zusammenhängen, obwohl das Hebräische nach der Rückkehr aus dem Babylonischen Exil keine Umgangssprache mehr war und durch das Ara-

Die heiligen Schriften der Juden

mäische abgelöst worden war. Dies hatte zur Folge, daß das Bedürfnis entstand, Übersetzungen (hebr. *targum*, Plural *targumim*) ins Aramäische anzufertigen.

Der Talmud

Nach der Zerstörung des zweiten Tempels durch die Römer im Jahre 70 n. Chr. und der Niederschlagung des Aufstandes des Bar Kochba im Jahre 135 n. Chr. begann eine Neubesinnung des Judentums. Der Tempel als zentrales Heiligtum wurde durch die Synagoge, den Versammlungs- und Betort der Gläubigen, ersetzt. Außerdem bildete sich aus den Interpreten und Erklärern der Schrift ein förmlicher geistlicher Stand heraus, der des Rabbi (»mein Meister«), dessen Merkmal seine Gelehrsamkeit ist. Der Rabbi übte deshalb auch keine sakramentalen Funktionen aus, sondern verstand sich eher als Lehrer und Erläuterer der Schrift.

Die Rabbis mit ihrer Gelehrsamkeit waren es denn auch, die in einem Jahrhunderte andauernden Prozeß den *Talmud* (»Studium«, »Lehre«, »Lernen«) schufen, jenes ungefähr 2,5 Millionen Wörter umfassende Werk, das die Auslegung des mosaischen Gesetzes, der *Torah*, darstellt. Genau genommen gibt es zwei *Talmuds*, den Palästinensischen, der ca. 500 n. Chr. auf dem Gebiet des alten Israel vollendet wurde, und den Babylonischen, der etwa zwischen 100 und 200 Jahre später fertiggestellt wurde. Der letztere hat aufgrund seiner späteren Vollendung größere Autorität und vermittelt eine ungefähre Vorstellung von den blühenden Akademien der in Babylonien ansässigen jüdischen Bevölkerung.

Der *Talmud* enthält viel Erzählgut, Disputationen und Streitgespräche der Gelehrten und ist eine unerschöpfliche Fundgrube des religiösen Wissens und allgemein menschlicher Einsichten. Er schildert Bräuche, Zeremonien und enthält Gebete, Volksweisheiten und Rezepte gegen Krankheiten. Daher bestimmt der *Talmud* als Erläuterung der *Torah* das alltägliche wie auch das rituelle Leben der gläubigen Juden. Weil im Laufe der Zeit auch neue Fragestellungen auftauchten, auf die der *Talmud* keine erschöpfende Antwort gab, haben Generationen von Gelehrten bis auf den heutigen Tag weiter an der Auslegung der *Torah* gearbeitet. In diesem Sinne hat nach einer Spruchweisheit »die *Torah* keinen Anfang und der *Talmud* kein Ende«.

Formal untergliedert sich der *Talmud* in zwei Teile, die auch seine Entstehungsgeschichte widerspiegeln. Der erste Teil umfaßt die Kommentare und Diskussionen zur *Mischnah* (»Lehre«, »Wiederholung«), eine von Judah ha-Nasi am Anfang des 3. Jahrhunderts n. Chr. kompilierte Sammlung des mündlichen Gesetzes, die die Lehrmeinungen der verschiedenen *Tannaim* (Singular: *Tanna*, »Weiser«) wiedergibt. Der zweite Teil wird als *Gemara* (»Vollendung«) bezeichnet und enthält die Diskussionen der *Amoraim* (Singular: *Amora*, »Sprecher«) über die *Mischnah*; traditionell wird die *Gemara* in *Talmud*ausgaben um die entsprechende Textstelle der *Mischnah* abgedruckt.

Die *Mischnah* selbst unterteilt sich in sechs *Sedarim* (»Ordnungen«): 1. *Zera'im* (»Samen«), wo in elf Traktaten Gesetze und Anordnungen zur Landwirtschaft beschrieben werden; 2. *Mo'ed* (»Feste«), wo in zwölf Traktaten Vorschriften über den Sabbat sowie Feste und Feiertage geregelt sind; 3. *Naschim* (»Frauen«), wo in sieben Traktaten Eheverträge, Verlobungen, Scheidung, Ehebruch und Gelöbnisse von Frauen behandelt werden; 4. *Nezikin* (»Schäden«), wo in zehn Traktaten das Zivil- und Strafrecht geregelt ist, zu ihnen gehören auch Meinungen über den Umgang mit Nichtjuden, den Götzendienst u. a.; 5. *Kodaschim* (»Heilige Dinge«), wo in elf Traktaten über Schlachtungen sowie Schlacht- und Speiseopfer diskutiert wird; 6. *Tohorot* (»Reinheit«), wo sich zwölf Traktate mit Reinheit und Verunreinigung bei Menschen, Speisen und Geräten beschäftigen.

Inhaltlich unterscheidet man zwischen der *Halachah* (»Gang«, »Wandel«) und der *Aggadah* (»Erzählung«, »Sage«). Die *Halachah* umfaßt – wie bereits eingangs gesagt – die Gesetze, Regeln und Verbote des gesamten Lebens der Gläubigen, die als Richtschnur des Handelns dienen, und macht etwa ein Drittel des *Talmuds* aus. Sie hat einen viel höheren, weil autoritativen Stellenwert als die *Aggadah,* die in der Hauptsache aus Erzählungen, Sprüchen, Legenden, Gleichnissen und Anekdoten besteht. Sie liefert im Grunde genommen die Beispiele zu den Normen der *Halachah* und wird keineswegs gering veranschlagt: »Willst du den kennenlernen, durch den die Welt entstand? Dann studiere die Aggadah!«

Zum Verhältnis von Christen und Juden

Das Judentum, so wie es uns heute entgegentritt, ist im wesentlichen ein Produkt der veränderten Situation nach der Zerstörung des zweiten Tempels. An dessen Stelle trat das Haus der Lehre, die Synagoge, an die des Opfers das Gebet. Die Bedeutung, die im biblischen Zeitraum die Ältesten und Propheten und in der nachexilischen Zeit die Priester und Hohepriester eingenommen hatten, kam jetzt den Rabbis zu sowie den in Babylonien residierenden Exilarchen *(Resch Galut,* »Oberhäupter im Exil«, »Exilarchen«).

Das Entstehen des Christentums fällt somit in die letzte Phase vor Tempelzerstörung und Zerstreuung, in die jüdisch-hellenistische Periode, als der Tempel noch Kultzentrum war. Zur Lebenszeit Jesu war das Judentum sogar eine erfolgreiche missionierende Religion, die viele Konvertiten (die sogenannten Proselyten) durch seinen ethischen und Gehorsam fordernden Monotheismus gewann. Während dieser Zeit gab es mehrere gegensätzliche Interpretationen darüber, was es in der Praxis und im Detail für die Juden bedeutete, die Gebote des Bundes zu erfüllen.

Daraus hatten sich verschiedene religiöse Strömungen entwickelt, so z. B. die Sadduzäer, die Pharisäer und die Sekte vom Toten Meer. Trotzdem bestand Übereinstimmung darin, daß der Verlauf der Geschichte in Gottes Hand liegt und daß Gott einen Messias senden wird, um das unabhängige Reich der Juden oder das des Himmels zu errichten.

Die Pharisäer (»Separatisten« oder »Interpreten«) zeichneten sich durch ihre peinlich genaue Befolgung der *Torah* aus. Es ist nicht auszuschließen, daß sie ursprünglich spöttisch von den Sadduzäern so bezeichnet wurden, weil sie sich von den guten Dingen dieses Lebens in der irregeleiteten Hoffnung fernhielten, in einem zukünftigen Leben belohnt zu werden. Die Sadduzäer glaubten aber nicht an ein Leben nach dem Tod. Die Pharisäer übten durch die Lehre der Hoffnung auf die Auferstehung von den Toten und das Kommen des Messias Einfluß auf die Religiosität des ganzen jüdischen Volkes aus. Und trotz der starken antipharisäischen Ausrichtung des Neuen Testamentes gibt es Gelehrte, die die Ansicht vertreten, daß das Verhältnis zwischen den Anhängern Jesu und den Pharisäern ursprünglich sehr eng gewesen ist. Sie behaupten, daß die Entfremdung späteren Datums sei und aus diesem Grund in den später abgefaßten Evangelien ihren Niederschlag fand.

Die führende Position im Tempelkult innerhalb des Judentums zur Zeit Jesu nahmen eindeutig die Sadduzäer ein, die bei weitem größere Differenzen in ihren religiösen Anschauungen zu den Anhängern Jesu aufwiesen. Die Kritik Jesu an den bestehenden religiösen Praktiken der Pharisäer, insbesondere der buchstabengetreuen Befolgung des Gesetzes, zeigt jedoch auch seine Kluft zu deren Anschauungen. Dennoch bewegte er sich innerhalb des Rahmens der *Torah*, und wenn er die Gebote zu kritisieren scheint, dann häufig nur, um sie noch schärfer zu formulieren oder zu präzisieren. Seine Stellung war durchaus die eines Lehrers innerhalb des Judentums, aber er berief sich nicht auf andere Autoritäten außer Gott selbst, zu dem er nach seinen Aussagen eine besondere Beziehung besaß.

Problematisch scheint die Bedrohung gewesen zu sein, die Jesus für die jüdischen Autoritäten darstellte, weil er die richtige Interpretation der *Torah* für sich in Anspruch nahm. Dies war offensichtlich der Anlaß für den Prozeß und die Kreuzigung, doch scheint sich die junge Gemeinde nach seinem Tod zunächst noch größtenteils dem Judentum zugehörig gefühlt zu haben.

Die Brüche traten erst mit der Vergöttlichung Jesu als Christus (»Gesalbter«, d. h. Messias) und Sohn Gottes im wörtlichen Sinne auf. Verstärkt wurde die Abgrenzung dann noch durch die radikale Ablehnung bzw. Gegenstandslosigkeit jüdischer Bräuche, wie etwa der Beschneidung. Eine führende Rolle spielte dabei der zur Gemeinde neubekehrte Jude Saulus, der sich von nun an Paulus nannte. Durch ihn wurde der Glaube propagiert, daß die sündige Menschheit aufgrund der Gnade Gottes im Glauben an Jesus Christus gerettet und gerechtfertigt werde, und dies unabhängig vom jüdischen Gesetz. Der Tod Christi habe das Gesetz aufgehoben und ein neues Zeitalter des Heiligen Geistes begründet.

Dieser klaren Abgrenzung gegenüber dem Judentum und der Öffnung des Christentums für die Missionsarbeit unter den »Heiden« folgten bald antijüdische Äußerungen und Schuldzuweisungen, wie sie in einigen Textstellen der Evangelien, besonders bei Matthäus und Johannes zu finden sind. Die Vorwürfe erstreckten sich von der Kollektivschuld der Juden an der Kreuzigung Jesu bis hin zu ihrer wörtlichen Verteufelung (»ihr seid eures Vaters, des Teufels«). So wurde von christlicher Seite auch die Zerstörung des zweiten Tempels als eine Strafe Gottes angesehen.

Prekär wurde die Situation für die Juden aber erst mit dem Triumph des Christentums im Römischen Reich seit dem 4. Jahrhundert Chr., da sich die antijüdische Haltung jetzt noch verstärkte und staatlicher Unterstützung sicher sein konnte. Im allgemeinen bezeichnet man diese Feindschaft gegenüber den Juden seit dem Ende des 19. Jahrhunderts als »Antisemitismus«, obwohl sie sich keineswegs gegen alle semitischen Völker richtet.

Die zunehmende Judenfeindlichkeit führte zu Maßnahmen wie Zwangsbekehrungen zum Christentum oder Entfernung von Juden aus öffentlichen Ämtern. Von einer Gleichberechtigung konnte also keine Rede sein. Dennoch war das Verhältnis zwischen Christen und Juden insgesamt gesehen bis ins 11. Jahrhundert einigermaßen störungsfrei. Erst mit der Kreuzzugsbegeisterung, die sich primär gegen die muslimische Welt richtete, kam es zu massenhaften Ausschreitungen gegen jüdische Gemeinden. Erneut gab man den Juden die Schuld am Tod Christi und legte ihnen auch andere Taten zur Last, wie die Entweihung von Hostien, das Vergiften von Brunnen und die Ermordung christlicher Kinder. Dies führte zu großen Massakern, und bereits Petrus Venerabilis (1092–1156), der Abt von Cluny, rief zur totalen Vernichtung der Juden auf.

In der gesamten Folgezeit bis hin ins 17. und 18. Jahrhundert (und in Osteuropa noch später) kam es immer wieder zu Verfolgungen, Zwangsbekehrungen und Vertreibungen von Juden, zum Teil partiell, zum Teil aber auch total, wie in England 1290 und Spanien 1492. Auch die Reformation machte darin keine Ausnahme. So forderte Luther zum Beispiel zu solch radikalen Maßnahmen, wie die Niederbrennung von Synagogen, auf. Andere reformatorisch gesinnte Länder nahmen jedoch viele Flüchtlinge von der Iberischen Halbinsel auf, so z. B. England, aber der überwiegende Teil der Juden floh nach Nordafrika und ins Osmanische Reich und dort besonders nach Palästina.

Mit der Aufklärung in Westeuropa wurde das Verhältnis der christlichen Mehrheit zu den Juden entspannter. Zunehmend konnten Juden jetzt auch an der nichtjüdischen Kultur teilhaben und ihnen bisher verschlossene Berufe ergreifen. Dies führte auch zu einer aufklärerischen Bewegung innerhalb des Judentums, der *Haskalah*. So waren zum Beispiel bereits gegen Ende des 18. Jahrhunderts viele Juden an der Salonkultur Berlins beteiligt: Es war damals in vornehmen Kreisen üblich, Salons zu unterhalten, die dem regelmäßigen Treffen von Gebildeten dienten.

Während und nach der Französischen Revolution fand nach und nach in den säkular ausgerichteten Staaten West- und Südeuropas die Emanzipation der Juden statt: Sie erhielten rechtliche und gesellschaftliche Gleichstellung und wurden damit zu vollgültigen Staatsbürgern. Mit anderen Worten: Von jetzt an galten sie als Engländer, Franzosen, Deutsche, usw. jüdischen Glaubens, falls nicht auch dieser aufgegeben wurde.

Glaubensrichtungen

Im Verlauf der Geschichte des Judentums hatten sich immer wieder verschiedene Richtungen des Glaubens herausgebildet: Man erinnere sich nur an die bereits erwähnten Sadduzäer und Pharisäer zur Zeit Jesu. Aus dem Mittelalter ist die *Kabbalah*, die jüdische Mystik, bekannt. Sie beruht auf dem Bewußtsein, daß Gott erhaben und gleichzeitig allen Dingen immanent ist. Gott kann am besten durch Kontemplation und Erleuchtung wahrgenommen werden, denn er verbirgt und offenbart sich. Durch Spekulation und Offenbarung ist es möglich, das verborgene Leben Gottes und seine Beziehung zu seiner Schöpfung besser zu verstehen.

Im späten 18. Jahrhundert entstand in Südpolen und Litauen die Bewegung des Chassidismus, die sich durch Begeisterung der Massen, Ekstase und Volksfrömmigkeit auszeichnete und sich um einen Führer scharte. Gott wird von den Chassidim besonders durch Gesang und Tanz verehrt. Durch diese Formen der Verehrung soll die eigene Selbstsucht vernichtet werden. Von vielen orthodoxen Juden wurde die Bewegung ursprünglich mit Mißtrauen betrachtet, weil man in solchen Praktiken eine Ablenkung, wenn nicht gar eine Abwendung, vom Studium der *Torah* sah. Diese Ansicht änderte sich jedoch Mitte des 19. Jahrhunderts, als auch die Orthodoxen den Chassidismus als einen vollgültigen Zweig des Judentums akzeptierten.

Unter orthodoxem Judentum versteht man jene torahtreue Strömung, die ungeachtet aller Neuerungen das geschriebene wie das mündliche Gesetz weiterhin als göttlich inspiriert betrachtet und keinerlei Veränderung der religiösen Tradition gestattet. Orthodoxe sehen in nichtorthodoxen Rabbis lediglich Laien. Manche haben eine isolationistische Einstellung und versuchen, ihre Anhänger vor den Gefahren der modernen säkularen Welt zu bewahren, während sogenannte Neoorthodoxe ihr gegenüber eine gewisse Offenheit zeigen.

Vom orthodoxen ist das konservative Judentum zu unterscheiden, das im Gefolge der Aufklärung einige Veränderung in der Lebensführung der Juden als unvermeidlich betrachtete, aber die traditionellen Formen des Judentums nach wie vor als gültig ansah; daher wurden Veränderungen im religiösen Brauchtum nur mit großer Zurückhaltung angenommen. Sie unterscheiden sich heute von den Orthodoxen insbesonders durch ihre liberalen Scheidungsregeln und die Ordinierung von Frauen.

Ebenfalls durch Aufklärung und Emanzipation entstand das Reformjudentum, das die traditionelle jüdische Liturgie radikal verkürzte und das Singen von Chorälen und das Beten in der jeweiligen Landessprache einführte. Es ist vor allen Dingen dadurch gekennzeichnet, daß es nur solche Gesetze und Bräuche als bindend betrachtet, die mit der Vernunft und den Anschauungen und Verhaltensweisen der modernen Welt in Einklang stehen.

Der Zionismus

Das 19. Jahrhundert war die große Zeit der Emanzipation der Juden, was ihre Eingliederung in die bürgerlichen Gesellschaften Europas zur Folge hatte. Viel trug dazu eine liberale Gesinnung der nichtjüdischen Bevölkerung in religiösen Fragen bei. Nichts wäre jedoch verfehlter als die Annahme, daß damit alle Ressentiments gegenüber Juden in allen Bevölkerungsschichten ausgeräumt waren. Nur wurden die meisten jetzt nicht mehr religiös begründet, sondern bekamen einen rassistischen Hintergrund: Die Juden wurden als rassisch minderwertig angesehen, und es wurde über ihren zu großen Einfluß in Gesellschaft, Kultur und Politik polemisiert. Derartige Vorbehalte konnten bis hin zu Verschwörungstheorien eines Weltjudentums gehen.

Dieser Antisemitismus zeigte sich z. B. in Frankreich in der sogenannten Dreyfus-Affäre: In dem fragwürdigen Prozeß, der dem französischen Hauptmann wegen angeblichen Verrats gemacht wurde, kam es zu einem Fehlurteil, das trotz seiner Haltlosigkeit lange nicht revidiert wurde, weil Dreyfus Jude war. Aber auch in führenden Kreisen des zweiten Deutschen Kaiserreiches waren antisemitische Einstellungen weit verbreitet. Dies und die immer wieder auftretenden Pogrome (»Vernichtung«) gegen Juden in Osteuropa, insbesondere in Rußland, führten innerhalb des Judentums zur Entstehung einer Bewegung, die sich die Rückkehr zum heiligen Berg Zion bei Jerusalem zum Ziel gesetzt hatte, d. h. die Wiederherstellung des Staates Israel.

Die Sehnsucht nach der Rückkehr in das Land Israel war in der Liturgie und im Bewußtsein der Juden in der Diaspora (der »Zerstreuung« über die ganze Welt) bewahrt worden. Der Begründer des modernen politischen Zionismus war Theodor Herzl (1860–1904), der Vorstellungen von einem Heimatland im damals unter türkischer Herrschaft stehenden Palästina formulierte. Größeren Zuspruch fand er damit hauptsächlich bei den osteuropäischen Juden, die besonders nach dem Pogrom von 1881 im zaristischen Rußland in größerer Zahl nach Palästina einwanderten. Viele Juden versagten der Bewegung aber zunächst ihre Unterstützung: So glaubten die Orthodoxen zum Beispiel, daß die Menschen nicht dem göttlichen Eingreifen bei der Rückkehr nach Israel vorgreifen dürften, während fortschrittliche Juden die ethnischen Gründe herunterspielten und davon überzeugt waren, ihre Zukunft läge in ihren gegenwärtigen Heimatländern.

So kamen die meisten Einwanderer nach Herzls Tod zunächst aus Osteuropa: Sie kauften Land, ließen sich nieder und gründeten landwirtschaftliche Kooperationen. Während des Ersten Weltkriegs gab der britische Außenminister Balfour im Jahre 1917 eine Erklärung ab, die den Juden auf dem Boden des gerade von britischen Truppen eroberten Palästina einen eigenen Staat versprach. Der stärkere Zuzug führte in den 20er und 30er Jahren des 20. Jahrhunderts zu zunehmenden Spannungen mit der ansässigen arabischen Bevölkerung. Dennoch muß offenbleiben, ob es jemals zur Gründung eines eigenen Staates gekommen wäre, wenn nicht 1933 in Deutschland die Nationalsozialisten an die Macht gekommen wären, die in mehreren Stufen eine Politik der Benachteiligung, Unterdrückung, Verfolgung und schließlich der Vernichtung der Juden in ihrem Machtbereich verfolgten, die unter dem Begriff *Holocaust* in die Geschichte eingegangen ist.

Der Holocaust

Der Begriff *Holocaust* leitet sich von der griechischen Bezeichnung *Holokaustes* für das Brandopfer her und wurde auf das ungeheure Opfer an Menschen übertragen, das die Juden unter der nationalsozialistischen Herrschaft erleiden mußten. Die hebräische Bezeichnung lautet *Scho'ah* (»Unheil«) oder *Churban* (»Zerstörung«). Man versteht also darunter die systematische Vernichtung des europäischen Judentums in den Jahren 1933–1945. Zwar

Der Holocaust

waren auch andere Gruppen (z. B. Homosexuelle und Zigeuner) von der systematischen Ausrottung betroffen, aber der Begriff bezieht sich meistens auf den Versuch, Europa »judenrein« zu machen. Der Antisemitismus war eine der Hauptideologien der Nazipartei, die 1933 die Macht in Deutschland ergriff. »Es ist unsere Pflicht«, schrieb Adolf Hitler, »in unserem Volk den instinktiven Widerwillen gegen die Juden zu erregen, aufzupeitschen und anzuspornen.«

Von 1933 bis zum Kriegsausbruch 1939 wurden die Juden planmäßig aus öffentlichen Ämtern und dem intellektuellen und kulturellen Leben entfernt und ihrer Staatsangehörigkeit beraubt. Schon der Beginn der Naziherrschaft löste eine Auswanderungswelle von Juden nach Palästina und die USA aus. Im April 1933 wurde zum Boykott jüdischer Geschäfte, Ärzte und Anwälte aufgerufen; jüdische Beamte wurden aus dem Staatsdienst entlassen. Im Juli 1935 wurden Juden vom Militärdienst ausgeschlossen, und im September des gleichen Jahres wurden die Nürnberger Gesetze erlassen, die Juden zu »Staatsangehörigen« zweiter Klasse machten. Von nun an waren Mischehen und Geschlechtsverkehr zwischen Juden und »arischen Reichsbürgern« verboten.

Seit 1938 galt dann das Berufsverbot für jüdische Rechtsanwälte und Ärzte sowie für Studenten, was zur Konsequenz hatte, daß man Juden auch von der Universität entfernte. Im März des gleichen Jahres erklärte die Naziregierung die jüdischen Gemeinden zu »privaten Vereinen« und erzwangen im August die namentliche Kennzeichnung jüdischer Frauen durch den zusätzlichen Vornamen »Sara« und jüdischer Männer durch »Israel«. Im November wurde dann durch die sogenannte »Reichskristallnacht« ein regelrechtes Pogrom inszeniert. Im Anschluß daran wurden jüdische Kinder aus den Schulen ausgeschlossen und Wohnbeschränkungen verhängt. Während dieses Zeitraums wanderten viele Juden aus, und ihr Eigentum wurde von der Regierung beschlagnahmt.

Nach dem kriegerischen Einfall in Polen im Jahre 1939 war die Auswanderung praktisch nicht mehr möglich. Statt dessen wurden die Juden in Ghettos zusammengepfercht und nach Osten, d. h. hauptsächlich Polen, deportiert. Im März 1941 wurde die jüdische Bevölkerung zur Zwangsarbeit verpflichtet und im September die Kennzeichnungspflicht mit dem »Gelben Stern« eingeführt.

Seit Oktober 1941 wurden die Juden Opfer der »Endlösung«, der systematischen Vernichtung in Konzentrationslagern, von denen Auschwitz vielleicht das bekannteste und berüchtigste ist. Der Vernichtung des europäischen Judentums wurde trotz der Verknappung von Arbeitskraft und Gütern auf der »Wannseekonferenz« vom Januar 1942 Priorität eingeräumt: »Es ist eine Sache des Prinzips, bei dem wirtschaftliche Interessen keine Rolle spielen«. Damit begann die fabrikmäßige Ermordung des deutschen und europäischen Judentums, wobei durch den Einfall in die Sowjetunion das osteuropäische Judentum ebenfalls in die Vernichtungsmaschinerie geriet. Es ist unmöglich, die genaue Anzahl der jüdischen Opfer des *Holocaust* zu kennen, aber die Opfer werden auf sechs Millionen geschätzt.

Obwohl es viele Fälle gab, bei denen Nichtjuden versuchten, das Leben ihrer jüdischen Nachbarn vor der Vernichtung zu retten, unternahmen die offiziellen christlichen Kirchen einschließlich des Vatikan im allgemeinen wenig. Der *Holocaust* zerstörte schließlich die hauptsächlich dörflich *(Schtetl,* »Städtchen«) organsierte jüdische Kultur Osteuropas. Der Brennpunkt des jüdischen Lebens befand sich somit seit dem Zweiten Weltkrieg in Israel und den USA.

Es gab zwar eine große Vielfalt christlicher Antworten auf den *Holocaust,* aber nur wenige haben sich zu der Erkenntnis durchgerungen, die von A. L. und A. R. Eckhardt *(Long Night's Journey into Day,* 1988) formuliert wurde: »Kein Ereignis hat die Folgen von Ideen mehr verdeutlicht als die 'Endlösung der Judenfrage' durch die deutschen

Nazis. Es wäre nicht möglich gewesen, eine 'Judenfrage' zu lösen, hätte es nicht ein beinahe zweitausendjähriges Predigen und Lehren der Christen darüber gegeben.«

Der Staat Israel

Die massenhafte Auswanderung von Juden während der Naziherrschaft und nach dem Zweiten Weltkrieg sowohl in die USA als auch Palästina hatte zur Folge, daß man in diesen beiden großen Zentren auf einen unabhängigen Staat Israel drängte. Ermöglicht werden sollte dies durch die Teilung Palästinas, das seit 1918 unter britischem Mandat stand, in einen israelischen und einen arabischen (palästinensischen) Teil. Im Jahre 1948 erfolgte dann durch einen UNO-Teilungsbeschluß die Ausrufung des Staates Israel, was aber zu einer permanenten Auseinandersetzung mit der palästinensischen Bevölkerung und den umliegenden arabischen Staaten führte, die sich in mittlerweile vier Kriegen (1948, 1956, 1967 und 1973) und zahlreichen militärischen Aktionen entlud.

Lange Zeit spielte in der Gründungsphase und in den nächsten dreißig Jahren die säkular eingestellte Arbeiterpartei eine dominierende Rolle in der israelischen Politik. Doch inzwischen haben der stärker nationalistisch orientierte Likud-Block und einige kleinere religiöse Parteien an Einfluß gewonnen und mehrfach die Regierung gestellt. Insbesondere bei Fragen zur Neugründung von Siedlungen in den 1967 besetzten Gebieten kam es immer wieder zu heftigen Auseinandersetzungen mit der arabischen Bevölkerung, die zu Recht um ihre Heimat fürchtete. Aber auch innerhalb der politischen Parteien Israels kam es zum Streit über den Umgang mit den Siedlungen. Unter mühsamer Vermittlung der USA wurde ein Abkommen zwischen Israel und den Palästinensern geschlossen, das letzteren langfristig einen eigenen Staat gewähren sollte. Gegenwärtig ist dieser stockende Friedensprozeß immer noch im Gang.

Die jüdische Gemeinde

Der Sabbat   **Die Lebenspraxis**

Erzähltradition und Humor

Die jüdische Gemeinde

Der Rabbi oder Rabbiner

Das religiöse Leben einer jüdischen Gemeinde findet zu einem Großteil in der Synagoge, dem Versammlungs- oder Bethaus, statt. Hier werden Gottesdienste abgehalten, bei denen der Kantor oder Vorbeter die Hauptrolle spielt und nicht, wie vielfach angenommen wird, der Rabbi. Dennoch hat er ein wichtiges Amt unter den Gemeindemitgliedern, weil er in einer Predigt die *Torah* erklärt.

Rabbi ist Hebräisch und bedeutet »mein Meister«. Als »Rabbis« oder »Rabbiner« bezeichnete man jüdische Gelehrte, die geweiht wurden. Sie lösten nach der Zerstörung des zweiten Tempels im Jahre 70 n. Chr. die Priester in der Führung der Gemeinde ab. In gewisser Weise können die Pharisäer und die Schriftgelehrten, deren Aufgabe das Studium der *Torah* war, als ihre Vorgänger betrachtet werden. Es ist diese Gelehrsamkeit, die sie von anderen Gemeindemitgliedern unterschied. In der Zeit des *Talmud* wurde der Titel nicht außerhalb von Israel verliehen, so daß die jüdischen Weisen in Babylonien den Titel »Rav« trugen. Während dieser Zeit waren die Rabbis Interpreten und Darleger der Schriften und des mündlichen Gesetzes.

Erst im Mittelalter wurden die Rabbis zu geistlichen Führern einer bestimmten jüdischen Gemeinde, die lehrende, predigende und administrative Aufgaben übernahmen. Die Rabbis waren jedoch keine Priester. Sie hatten keine sakramentale Funktion, und das Segnen des Volkes gehörte eigentlich nicht unbedingt zu ihren Pflichten. Ursprünglich wurden die Rabbis nicht bezahlt. Die *Torah* sollte kostenlos gelehrt werden, und es war üblich, daß die Rabbis einen anderen Beruf ausübten. Für das 14. Jahrhundert läßt sich jedoch eine Bezahlung nachweisen, allerdings nicht für das Lehren des Gesetzes, sondern als Entschädigung für den Zeitverlust, der mit den Pflichten eines

Rabbis verbunden war. Seine Pflichten waren in einer Ernennungsurkunde *(ketav rabbanut)* festgesetzt. Als Gemeindeführer oblag es ihm, Antworten auf gesetzliche Probleme und Zweifelsfälle zu geben und an jüdischen Gerichtshöfen zu wirken.

Seit der Aufklärung erfuhr der Aufgabenbereich des Rabbis entscheidende Veränderungen. In der Diaspora hatten die jeweiligen nationalen Regierungen die jüdische Rechtsprechung im Zivilrecht abgeschafft, und mit der größeren Verbreitung der weltlichen Erziehung wuchs die Einsicht, daß die traditionelle Ausbildung an einer jüdischen Universität, einer *Yeschivah,* für den modernen Rabbi nicht mehr angemessen sei.

Heutzutage ist die Rolle des Rabbis von Gemeinde zu Gemeinde verschieden. Bei den Reformgemeinden übt er – seit 1972 möglicherweise auch ein weiblicher Rabbi – eine Funktion aus, die dem eines christlichen Geistlichen entspricht. Er wird als geistlicher Führer der Gemeinde betrachtet; zu seinen Aufgaben gehören das Predigen, das Leiten von Gottesdiensten, Erziehung und Beratung. Die Beratung kann sich durchaus auch auf rein weltliche Probleme erstrecken. Der orthodoxe Rabbi hat ebenfalls diese Pflichten übernommen, zugleich aber seine Rolle als Rechtsberater und Interpret des geschriebenen und des mündlichen Gesetzes beibehalten.

Die Synagoge

Die Synagoge, die auf Hebräisch *Bet Keneset* heißt (also wie das Parlament Israels), ist das jüdische Versammlungs- und Gotteshaus. Die Anfänge der Synagoge können vielleicht auf die Zeit des Babylonischen Exils nach der Zerstörung des ersten Tempels im Jahre 586 v. Chr. datiert werden, da aus dieser Zeit bereits von einem »kleinen Heiligtum« die Rede ist. Nach dem *Talmud* war das »kleine

Heiligtum« die Synagoge. Die frühesten archäologischen Überreste der Synagogen sind in der Diaspora gefunden worden, aber im 1. Jahrhundert n. Chr. war die Synagoge bereits im ganzen Judentum eine feste Institution. Sie wird von solch prominenten Juden wie dem Philosophen Philo, dem Historiker Josephus und im Neuen Testament erwähnt. Der *Talmud* zählt vor der Zerstörung des zweiten Tempels 480 Synagogen in Jerusalem auf. Mit der Katastrophe von 70 n. Chr. wurde die Synagoge zum Mittelpunkt des jüdischen religiösen Lebens.

Viele der Rituale und Bräuche des Tempels wurden von der Synagoge übernommen: So wurden z. B. zu den Zeiten, an denen früher die Tempelopfer stattfanden, jetzt die Synagogengebete gesprochen. Darüber hinaus übte die Synagoge auch die Funktion eines Gemeindezentrums aus. Nach der *Halachah* muß eine Synagoge Fenster haben und soll nach Jerusalem ausgerichtet sein. Dort werden die *Torah*rollen im *Aron Kodesch*, der heiligen Lade, aufbewahrt. Vor der Lade befindet sich ein Lesepult auf einem erhöhten Podest, der *Bimah*, die traditionell in der Mitte des Gebäudes steht.

Männer und Frauen sitzen getrennt, die Frauen entweder in einer Galerie oder abgesondert hinter einer *Mechizah*, einer Abtrennung. In der Synagoge sind Klatsch, Frivolitäten, das Abwickeln von Geschäften, das Schlafen oder das Eintreten, um schlechtem Wetter zu entgehen, verboten.

Viele moderne orthodoxe Synagogen besitzen zusätzlich in der Nähe eine kleine Synagoge, die als *Bet ha-Midrasch* bezeichnet und zu Gottesdiensten an Wochentagen benutzt wird. Daneben gibt es außerdem Gemeindehallen sowie Räumlichkeiten für Synagogenschulen. Die Reformbewegung hat beeindruckende Synagogen gebaut, die in den USA als Tempel bezeichnet werden. Diese haben keine besondere Frauenabteilung, und die *Bimah* befindet sich im allgemeinen vor der Lade, so daß es mehr Platz für die Bestuhlung gibt. Außerdem existiert häufig ein Orgel- und Chorsöller.

Der Gottesdienst

Hervorzuheben ist vor allem, daß der jüdische Gottesdienst ein Laiengottesdienst ist und die aktive Mitwirkung von Betern erfordert. Daher wird zur Anwesenheit in der Synagoge aufgerufen: Die Rabbis lehrten, daß »ein Mann, der gewöhnlich die Synagoge besucht und an einem Tag nicht anwesend ist, Gott Veranlassung gibt, nach ihm zu fragen«, denn »Gott wird zornig, wenn er zur Synagoge kommt und nicht einen der für den Gottesdienst mindestens erforderlichen zehn Männer, die sogenannten *Minyan* (»Zahl«) findet«. Bei dieser Zehnerzahl muß es sich um Männer handeln, die über 13 Jahre alt sind. Wie bereits oben gesagt, ist der Gottesdienst nicht von der Anwesenheit eines Rabbis oder gar eines Angehörigen der alten Priesterfamilien der Kohen und Leviten abhängig. Ein wichtiges Amt ist das des Kantors oder *Chasans*, der die Rolle eines Vorbeters bzw. Vorsängers im Gottesdienst einnimmt. Dieses Amt kann grundsätzlich jedem übertragen werden; es gibt aber auch beamtete Kantoren.

Der Gesang diente zur Untermalung des vorgetragenen Textes und bestand ursprünglich aus dem einfachen Vorsingen des Gebetes. Seit etwa dem 6. Jahrhundert n. Chr. lassen sich in Palästina die *Piyyutim*, religiöse, meist vom Kantor verfaßte Hymnen, zur Ausschmückung der feststehenden Gebete nachweisen. Erst seit dieser Zeit entstand allmählich die neue Funktion des *Chasans*, der als Solist wirkte. Später traten dazu die Refrains der Gemeinde.

Bei der *Torah*lesung wirken aber grundsätzlich alle Männer der Gemeinde der Reihe nach mit, und bei Reformjuden sind auch die Frauen mit einbezogen.

Es ist Brauch, daß die Männer beim Gottesdienst ihre Köpfe mit einer *Kippah* genannten Kappe bedecken, ein Zeichen der Erniedrigung vor Gott. Und bei verheirateten

Frauen ist das Bedecken des Kopfes ein Zeichen der Sittsamkeit gegenüber Männern, ein Brauch, der in der gesamten orthodoxen Gemeinde gepflegt wird. Außerdem wird beim Gottesdienst eine Art Gebetsmantel oder *Tallit* getragen. Es kommt häufig vor, daß man sich beim Beten rhythmisch vor und zurück bewegt.

Zum Gottesdienst gehört auch ein Gebetbuch, das die Texte der täglichen und der Festtagsgebete enthält. In den frühesten Zeiten existierten keine Gebetbücher und man kannte alle Gebete auswendig. Das Buch, das reguläre Gebete enthält, wird als *Siddur* bezeichnet. Das früheste bekannte jüdische Gebetbuch ist das aus dem 9. Jahrhundert stammende *Seder Rav Amram Gaon*. Der *Siddur* ist zugleich Gebet- und Gesangbuch und enthält zumeist neben dem hebräischen Text auch eine parallele Übersetzung.

Der Sabbat

Der Sabbat (hebr. *Schabbat* oder jdd. *Schabbas*) ist der siebte Wochentag, an dem Juden nicht arbeiten. Nach der Bibel arbeitete Gott sechs Tage lang, um die Welt zu erschaffen, und ruhte am siebten Tag. Deshalb segnete er den siebten Tag und erklärte ihn für heilig. In den Zehn Geboten ist die Arbeit am Sabbat aus diesem Grund verboten und auch Sklaven und Tieren ist Ruhe zu gönnen. Schließlich sind die Israeliten selbst Sklaven in Ägypten gewesen. Die Propheten betonten, daß der Sabbat ein Zeichen der Weihe Israels sei, und nach dem Babylonischen Exil verbot der Gouverneur Nehemiah am Sabbat jede Handelstätigkeit. Dies hat zu genauen Festlegungen geführt, was am Sabbat noch erlaubt ist und was nicht.

Auch die Rabbis setzten diese Tradition mit ihrer Lehre fort und legten großen Wert auf die Einhaltung des Sabbat. So hieß es: »Wenn Israel den Sabbat befolgt, wie er befolgt werden soll, wird der Messias kommen. Der Sabbat ist allen anderen Vorschriften in der *Torah* gleichwertig«.

Der Sabbat

Es gab neununddreißig verschiedene Arten von Arbeit, die vermieden werden sollten, und man erachtete es als erforderlich, daß wie an Festtagen drei Mahlzeiten zu sich genommen werden.

Es ist Sitte, daß die Mutter eines Haushalts vor dem Beginn des Sabbats zwei Kerzen anzündet. Die beiden Sabbatlichter erinnern an die Erfüllung zweier Gebote: »Gedenke des Sabbattages« (Exodus 20,8) und »Halte den Sabbattag ein« (Deuteronomium 5,12). Im allgemeinen gibt es zwei Brotlaibe, um der doppelten Portion Manna zu gedenken, die die Israeliten auf der Wanderung durch die Wildnis erhielten. Wenn möglich, sollte man Gäste zu den Sabbatmahlzeiten einladen. In den Synagogen gibt es eine besondere Liturgie für den Gottesdienst, und der Sabbat endet mit einer Zeremonie der Segnungen, der *Havdalah*. Die moderne Technologie hat zu neuen Sabbatproblemen geführt: Elektrogeräte zum Beispiel müssen auf Zeitschaltuhr gestellt werden, um das Verbot, am Sabbat Zündhölzer anzuzünden, zu umgehen.

Der Sabbatgottesdienst beginnt mit den Tagesgebeten, die aus Psalmen, Meditationen, Danksagungen an Gott sowie Abschnitten über das frühere Tempelopfer bestehen. Erst dann folgt die Lesung aus der Schrift, an deren Anfang das feierliche Öffnen der *Torah*lade steht, in der sich die häufig mit einer samtenen Umhüllung und mit Schmuck versehene *Torah*rolle befindet. Diese wird hervorgeholt und zum Lesepult getragen, dort aus ihrer Umhüllung befreit und an dem für den betreffenden Sabbat bestimmten Abschnitt aufgeschlagen. Denn innerhalb eines Jahres wird die gesamte *Torah* in festgelegten Abschnitten einmal ganz gelesen. Diese Abschnitte heißen *Sidrah* und verteilen sich ingesamt auf 54 Sabbate, was mit den Besonderheiten des jüdischen Kalenders zusammenhängt (siehe Anhang). Zur Lesung werden nacheinander sieben Männer aufgerufen, die am Anfang und am Ende eines Unterabschnittes den *Torah*segen sprechen. Jedes Wort, das vorgelesen wird, muß mit einem *Yad* (»Hand«) genannten Zeiger angezeigt werden, weil man aus Ehrfurcht die Schrift in der *Torah*rolle nicht mit den Fingern berühren darf. Bei einem Sprechgesang wird dieser vom Kantor durchgeführt.

Nach der *Torah*lesung findet dann eine weitere Lesung, die *Haftarah* (»Abschluß«), statt, die aus den prophetischen Büchern entnommen wird, zu denen auch die Geschichtsbücher gehören. Nach dem Ende dieser Lesungen aus der Schrift wird die *Torah*rolle wieder eingehüllt und zurück in die Lade gebracht.

Es kann dann eine Predigt gehalten werden, was besonders im Reformjudentum beliebt ist, während orthodoxe Gemeinden einen belehrenden Vortrag bevorzugen. Den Beschluß des Sabbatgottesdienstes bilden Gebete aus den Psalmen, nachbiblische Gebete und erneut das *Schema' Israel*, das Glaubensbekenntnis des Maimonides sowie ein vom Kantor gesprochener Segen. Das *Kaddisch* (aramäisch für »heilig«) ist ein Lobpreis Gottes, der am Ende eines jeden Abschnittes eines jüdischen Gottesdienstes gebetet wird und insbesondere zum Gedenken an die Toten dient.

Bestimmte Sabbate gelten als »Besondere Sabbate«, entweder aufgrund der Lesungen, die an ihnen stattfinden, oder wegen ihrer Stellung im Kalender, besonders wenn ein Sabbat auf ein Fest fällt. Drei stehen in Beziehung zum Beginn eines Monats: *Schabbat Mevarechim*, »der Sabbat des Segens«, der auf dem Gebet für einen guten Monat beruht; *Schabbat Machar Chodesch*, am Vorabend des Neumonds, und *Schabbat Rosch Chodesch*, am Neumond selbst. Weitere »Besondere Sabbate« werden unter den Festen behandelt.

Erzähltradition und Humor

Die erzählerische Tradition beginnt bei den Juden bereits in den sprichwörtlich gewordenen »biblischen Geschichten«, wozu so unterschiedliche wie »Der Turmbau zu Babel«, die »Geschichte von Joseph und seinen Brüdern«, die »Geschichte von Samson und Delilah« aus dem Buch der Richter gehören. Ebenso dazu zählen historisierende Pro-

Erzähltradition und Humor

phetengeschichten sowie anekdotisch wirkende wie die Erzählung von Jonas und dem Walfisch.

Das Erzählen von Geschichten wurde aber auch von den Rabbis fortgesetzt und ist in der mittelalterlichen Literatur und ganz besonders bei den Chassidim wie überhaupt bei den osteuropäischen Juden anzutreffen. Auch mit dem Einbruch der Neuzeit und der Aufklärung verstummte diese erzählerische Tradition nicht, sondern fand ihren Niederschlag in den Romanen etwa eines Scholem Alejchem *(Tevje, der Milchmann)* oder eines Joseph Roth oder Manès Sperber, um nur einige zu nennen.

Anders verhält es sich mit dem Humor, der in der älteren Zeit eher verpönt war, da er in zu große Nähe zum Spott zu geraten drohte, und der insbesondere von den Propheten abgelehnt wurde. Später wurde dies nicht mehr ganz so streng gesehen, und manche Anekdoten haben durchaus humoristische Züge, wie etwa Geschichten vom klugen Juden und dummen Nichtjuden oder Eulenspiegeleien.

Erst mit der Aufklärung entstand so etwas wie ein eigener jüdischer Witz, dessen Gegenstand häufig Konvertiten zum Christentum waren; in ihm konnte sich eine kritische Distanz zum eigenen Brauchtum ausdrücken. Hierbei wurden oft Zustände und Verhaltensweisen aufs Korn genommen, die in gewisser Weise den Aberglauben oder die den Juden feindlich gesonnene Umwelt karikierten. Als Beispiele sollen hier eine rabbinische Erzählung aus dem *Talmud* und einige Witze der Moderne angeführt werden.

Gott ist überall

Ein Nichtjude fragte einst Rabbi Josua ben Katechah: »Warum hat Gott einen Dornbusch ausgewählt, um aus ihm mit Moses zu sprechen?«

Der Rabbi entgegnete: »Hätte Er einen Johannisbrotbaum oder einen Maulbeerbaum ausgewählt, hättest du die gleiche Frage gestellt. Weil es aber unmöglich ist, dich ohne eine Antwort ziehen zu lassen, sage ich dir, daß Gott den ärmlichen und kleinen Dornbusch ausgewählt hat, um dich zu belehren, daß es auf Erden keinen Ort gibt, an dem sich Gott nicht befindet. Noch nicht einmal einen Dornbusch.«

Vom Nutzen der Ehebrecher

Es herrscht eine große Sommerdürre. Da Gott seinerzeit den sündigen König Ahab mit einer Dürre bestrafte, liegt es nahe, nachzuforschen, ob in der Gemeinde vielleicht ebenfalls ein Sünder ist, der Gottes dörrenden Zorn provoziert hat. Und in der Tat – man ertappt ein Pärchen beim Ehebruch! Die Sünder werden vor den Rabbi geschleppt, und unterwegs beginnt der Pöbel bereits, das Pärchen mit Steinen zu bewerfen.

Da ruft ein alter Jude dazwischen: »Halt! Macht die beiden nicht kaputt! Wenn es nun im Herbst endlos regnen sollte – womit, wenn nicht mit diesen beiden, sollen wir dann den Regen stoppen?«

Sünder, aber nicht meschugge

Rabbi: »Ihr seid ein übler Sünder! Wo Ihr ein Stück Schweinefleisch seht, beißt Ihr hinein. Und wo Ihr ein Christenmädchen erwischt, küßt Ihr sie ab!«

»Rabbi, ich bin nebbich meschugge!«

»Unsinn! Wenn Ihr den Schweinespeck küssen und das Mädchen beißen würdet, dann wärt Ihr meschugge. So aber seid Ihr doch ganz in Ordnung!«

Persönliche Feste

Die Feste

Die allgemeinen jüdischen Feste

Persönliche Feste

Neben den großen Festen im religiösen Kalender der Juden gibt es selbstverständlich Feiern, die das persönliche Leben eines gläubigen Juden betreffen. Am Beginn des Lebens steht die Beschneidung (hebr. *Berit Milah*, »Bund der Beschneidung«), die nach der Bibel auf den Bund Abrahams mit Gott zurückgeht, der ihm befahl, sich selbst und alle männlichen Angehörigen seines Haushalts zu beschneiden. Nach der Lehre der Rabbis ist die Befolgung dieses Gebotes so wichtig, daß Himmel und Erde ohne dieses Blut des Bundes nicht existieren würden.

Es ist Brauch, daß ein jüdischer Knabe am 8. Tag nach seiner Geburt beschnitten wird. Vor der Beschneidung wird das Kind in einen besonderen Sitz, den »Sessel des Elias«, gelegt. Dann entfernt der *Mohel* (»Beschneider«) mit einem Messer die Vorhaut (hebr. *Milah*) des männlichen Gliedes, legt die Eichel ganz frei und saugt an der Wunde. Mit dieser Zeremonie ist das Neugeborene in den Bund Abrahams mit Gott aufgenommen.

Zusammen mit der Beschneidung erhält der Knabe einen Namen. Im Anschluß daran wird ein Fest gefeiert, bei dem die Gäste Geschenke überreichen. Im Gegensatz zu einigen anderen Kulturen, besonders afrikanischen sowie auch in bestimmten islamischen Gebieten, gibt es keine Mädchenbeschneidung. Ihren Namen erhalten die Mädchen meistens am ersten Sabbat nach der Geburt in der Synagoge.

Die religiöse Mündigkeit erreicht ein Junge im Alter von 13 Jahren und wird dann zum *Bar Mizvah* (»Sohn der Pflicht«), was bedeutet, das der Vater nicht länger für die Handlungen seines Sohnes verantwortlich ist. Dieser wird jetzt aufgefordert, aus der *Torah*rolle und der *Haftarah* zu lesen. Von jetzt an trägt er an Wochentagen die Gebetsriemen *(Tefillin)* und wird bei der Mindestzahl *(Minyan)* von zehn Teilnehmern am Gottesdienst mitgerechnet. Mädchen werden mit 12 Jahren religionsmündig und dann als *Bat Mizvah* (»Tochter der Pflicht«) bezeichnet. Bei allen Juden findet eine *Bar-Mizvah*-Feier statt, eine *Bat-Mizvah*-Feier in der Regel aber nur bei Reformgemeinden oder liberalen Juden, bisweilen auch bei Konservativen.

Überaus wichtig sind für Juden Eheschließungen. Nach den heiligen Schriften ist die Ehe ein Zustand, der von Gott eingeführt wurde, weil »es nicht gut ist, daß der Mann allein ist«. Obwohl verschiedene biblische Gestalten wie Jakob, Saul, David, usw. mehr als eine Ehefrau hatten, scheint die Monogamie die Regel zu sein, und die Propheten benutzten die Ehe als ein Beispiel der Beziehung Gottes zu Israel. Bestimmte Ehen, besonders zwischen nahen Verwandten, waren verboten, und die Ehe zwischen einem Juden und einem Götzenanbeter wurde heftigst verurteilt. Die Rabbis traten energisch für die Ehe ein und behaupteten, daß »derjenige, der keine Ehefrau hat, kein richtiger Mann ist«. Sie ist so wichtig, daß ein Mann sogar eine *Torah*rolle verkaufen soll, um zu heiraten. Kinder zu haben ist ebenfalls eine ausdrückliche Pflicht, und wenn ein Mann sich weigert, Kinder zu zeugen, »ist es, als ob er Blut vergossen hätte, das Bild von Gott verkleinert und die Gegenwart Gottes von Israel abgetrennt habe«.

Ursprünglich fand die Trauung in zwei Teilen statt, dem *Kidduschin* oder *Erusin* (Verlobung) und dem *Nissuin* (die eigentliche Hochzeit). Im Mittelalter wurden die beiden Teile zusammengefaßt. Die Zeremonie wird unter einer *Chuppah*, einem von vier Stangen gehaltenen Baldachin, der als Trauhimmel dient, durchgeführt. Der Bräutigam hat zuvor die Pflichten der *Ketubbah* (Ehevertrag) auf sich genommen und wird zur Braut geführt. Über den Wein werden Segenssprüche gesprochen, und das Ehepaar trinkt aus dem gleichen Becher. Der Bräutigam streift einen Ring über den Finger der Braut und spricht in Hebräisch die Formel »Siehe, du bist mir mit diesem

Ring weihevoll verbunden nach dem Gesetz von Moses und Israel«. Die *Ketubbah* wird vorgelesen, und über den Wein werden sieben Segnungen gesprochen. In den meisten Gemeinden endet die Zeremonie damit, daß der Bräutigam ein Glas mit seinem Fuß zerstampft. Es handelt sich um eine Zeit von großem Jubel, die jede Gemeinde mit unterschiedlichen Bräuchen feiert.

Obwohl eine dauerhafte Ehe erwünscht ist und man Scheidungen sehr bedauert, sind sie unter bestimmten Voraussetzungen möglich. Wenn sowohl der Ehemann als auch die Ehefrau sich einig sind, soll ein Ehemann nach jüdischem Gesetz seiner Frau eine Zustimmung in Form eines »Scheidebriefes« geben.

Eine bedeutende Rolle spielen auch die Trauerfeierlichkeiten. In biblischer Zeit wurden die Toten vorzugsweise in der Nähe der Familiengräber bestattet, woher der Ausdruck »schlief bei seinen Vätern« stammt und zu einem Synonym für »Sterben« wurde. In gewisser Weise fürchtet man sich davor, nicht begraben zu werden. Der jüdische Brauch fordert eine rasche Beerdigung nach dem Tod, obwohl Bestattungen nicht am Sabbat oder am Sühnetag stattfinden sollen. Traditionellerweise werden Verstorbene in ihren Gebetsschal *(Tallit)* eingehüllt. Särge wurden bis zum Mittelalter nicht benutzt. Normalerweise wird der Sarg bis zum Grab begleitet und *Kaddisch*, der Lobpreis Gottes, gebetet. Erstrebt wird ein Begräbnis im Land Israel, aber wenn dies nicht möglich ist, soll Erde aus Israel auf den Kopf des/der Toten gestreut oder unter den Körper gelegt werden. Bei den Reformjuden ist Einbalsamierung und Verbrennung gestattet.

Die Zeit der Trauer beginnt mit sieben Trauertagen *(Schivah)*. In dieser Zeit sitzen die Trauernden auf einem niedrigen Schemel oder auf der Erde und verrichten keine Arbeit. Es wird – der Trauer angemessen – aus den Büchern Hiob und Jeremia vorgelesen. Ein ganzes Jahr lang wird dann bei jedem Gottesdienst *Kaddisch* für den Verstorbenen gebetet. Am ersten Jahrestag des Todes setzt man den Grabstein neu und gedenkt an diesem und jedem folgenden Jahrestag erneut des Toten.

Die allgemeinen jüdischen Feste

Die jüdischen Feste beziehen sich häufig auf Feste aus der biblischen Zeit und setzen sie vielfach fort. Der Anlaß für diese Feste ist in Ereignissen zu suchen, bei denen Gott in die Geschicke des Volkes Israel eingriff. Da das jüdische Jahr, das im Herbst beginnt, sich am Mond orientiert und deshalb nur 354 bzw. 355 Tage hat, wird gelegentlich ein dreizehnter Schaltmonat eingeschoben, um es an das Sonnenjahr anzupassen. Die religiösen Feierlichkeiten verschieben sich entsprechend von einem Sonnenjahr zum nächsten, wandern aber durch die Einführung von Schaltmonaten nie durch das gesamte Sonnenjahr wie etwa beim islamischen Kalender.

Rosch ha-Schanah

Rosch ha-Schanah, das jüdische Neujahr, ist der Geburtstag der Welt. Dieses Fest wird am 1. Tischri gefeiert – in der Diaspora auch am 2. – und fällt in den September oder Oktober. Nach Rabbi Eliezer wurde die Welt im Monat Tischri erschaffen, und *Rosch ha-Schanah* ist der Tag, an dem die ganze Menschheit gerichtet wird.

Die vier Namen des Festes in der jüdischen Tradition spiegeln die verschiedenen Themen des Tages wider: *Rosch ha-Schanah, Yom Teru'ah* (»Tag des Hörnerblasens«), *Yom ha-Din* (»Tag des Gerichts«) und *Yom ha-Zikkaron* (»Tag der Erinnerung«). Nach der Tradition werden die vollkommen Bösen am *Rosch ha-Schanah* im Buch des Todes eingetragen, die vollkommen Tugendhaften im Buch des Lebens, während das Gericht für diejenigen, die dazwischen liegen, bis zum *Yom Kippur*, dem Sühnetag, aufgeschoben ist.

Für das Blasen des Widderhornes, des *Schofar*, wird eine Vielfalt von Gründen angegeben, aber der gängigste bezieht sich auf die Fesselung des Isaak durch seinen Vater Abraham: Gott hatte ihm geboten, seinen Sohn zu opfern, doch im letzten Augenblick wurde Isaak verschont und an seiner Stelle ein Widder geopfert. Weil Abraham um die Sündhaftigkeit der Menschen wußte, bat er Gott auch um Erbarmen für die Nachkommen Isaaks. Gott stimmte dem zu und gebot, daß im Gedenken an die Fesselung Isaaks am Neujahrstag das Widderhorn erschallen solle.

Das Horn wird auf eine besondere Weise in drei Tonfolgen geblasen. Die erste verkündet das Königtum Gottes auf Erden, die zweite gedenkt des Vertrauens der Patriarchen Abraham und Isaak auf Gott und die dritte bezieht sich auf die Offenbarung Gottes am Berg Sinai. Nach Maimonides besteht der Zweck des Hornblasens darin, daß die Menschen über ihre Taten nachdenken und sich dem Guten zuwenden: »Wacht auf aus eurem Schlaf, ihr, die ihr eingeschlafen seid, und denkt über eure Taten nach, kehret um und gedenkt eures Schöpfers«.

Während des Festes begrüßen sich die *Aschkenasim* (d. h. die mitteleuropäischen Juden) gegenseitig mit dem Satz »Möget ihr [in das Buch des Lebens] für ein gutes Jahr eingeschrieben werden«, und es ist Brauch, etwas Süßes als Zeichen für ein bevorstehendes süßes Jahr zu essen. Als Zeichen der Reinheit tragen die Gläubigen während des Gottesdienstes ein weißes Gewand; zugleich wird damit aber auch an den Tod erinnert, da das Totengewand der Juden ebenfalls weiß ist.

Yom Kippur

Yom Kippur, der »Sühnetag«, ist der wichtigste Tag im liturgischen Jahr der Juden. Nach dem Buch Leviticus »soll an diesem Tag Sühne für euch geleistet werden, um euch zu reinigen; von all euren Sünden werdet ihr rein vor dem Herrn«. In der Zeit des zweiten Tempels stand das Ritual der *Avodah*, ein kompliziertes Opferritual, im Mittelpunkt des Tages.

Dem Volk wurde befohlen, sich selbst zu »quälen«, und dies interpretierte man als das Sichenthalten von Speise und Trank, von Waschungen, vom Salben des Körpers, vom Tragen von Lederschuhen und vom Geschlechtsverkehr. Dennoch muß für diejenigen, die gefehlt haben, um Versöhnung gesucht werden, und man muß ein Sündenbekenntnis ablegen. In vielen Gemeinden wird der Tag vor *Yom Kippur* beinahe als ein Feiertag betrachtet: Es wird viel gegessen, Geschenke werden an die Armen gesandt, und Nachbarn besuchen einander, um um Vergebung zu bitten.

Die Liturgie des Sühnetags beginnt am Abend des 9. Tischri in der Synagoge mit dem gesungenen Gebet *Kol Nidre* (»alle Versprechen«), das üblicherweise dreimal wiederholt wird. In diesem Gebet wird erklärt, daß alle persönlichen Versprechen gegenüber Gott, die nicht eingehalten wurden, jetzt aufgehoben sind. Dieses Gebet wurde häufig von Nichtjuden mißverstanden, die behaupteten, das Gebet zeige, daß jüdische Versprechen wertlos seien. Tatsächlich gibt es aber sehr starke Einschränkungen bei der Aufhebung von Versprechen.

Die Gottesdienste erstrecken sich bis zum Sonnenuntergang des nächsten Tages, wenn üblicherweise das *Schofar*horn geblasen wird, um das Ende des Fastens anzuzeigen. Wie am Neujahrstag tragen die gläubigen Juden auch beim *Yom-Kippur*-Gottesdienst ein weißes Obergewand. Der Sühnetag ist ein Tag des strengen Fastens und Büßens. An diesem Tag nehmen die Gläubigen fünfmal an einem Gottesdienst teil, bekennen ihre Sünden und beten um Vergebung. Eine weitverbreitete Vorstellung besagt, daß sich am Sühnetag die Himmelstore öffnen, um alle Gebete aufzunehmen. Danach legt Gott fest, wer im kommenden Jahr sterben wird.

Nach der *Aggadah* ist der Sühnetag der Tag, an dem Moses die zweiten Gesetzestafeln erhielt, und es heißt, selbst wenn alle anderen Feste abgeschafft würden, werde der Sühnetag, an dem die Israeliten der Engel gedenken, erhalten bleiben. Daß dies der heiligste Tag des jüdischen Jahres ist, geht auch daraus hervor, daß nur an diesem Tag der Hohepriester im alten Israel das Allerheiligste im Tempel zu Jerusalem betreten durfte.

Am Ende des Abendgottesdienstes singt die Gemeinde bei offener *Torah*lade das Gebet *Adon Olam* (»Herr der Welt«), eine Hymne, die Gottes Größe preist; sie endet mit den Worten: »In seine Hände empfehle ich meinen Geist zu der Zeit, in der ich schlafe und erwache. Und Gott ist mit mir in meinem Geist und meinem Körper, und ich fürchte mich nicht.«

Die Synagoge bleibt in der Nacht des *Yom Kippur* geöffnet und ist für alle, die beten wollen, beleuchtet. Am darauffolgenden Morgen beginnt der Tag erneut mit dem *Adon Olam*. Nur am *Yom Kippur* und am Neujahrsfest kniet man sich beim Beten des *Aleinu le-Schabbeʿah* (»Es ist unsere Pflicht zu preisen«) bei den Worten »Wir beugen das Knie und werfen uns hin und bekennen vor dem König der Könige, dem Heiligen, gelobt sei er ...« hin. Sonst sind Kniebeugen im Gottesdienst der Synagoge nicht üblich.

Sukkah oder Sukkot, das Laubhüttenfest

Fünf Tage nach dem *Yom Kippur* findet das eher fröhliche Fest der *Sukkah* (»Hütte«) statt, das aber eher unter seiner Pluralform *Sukkot* (»Fest der Hütten«) bekannt ist. Dieses jüdische Herbstfest wird neun Tage lang vom 15. bis 22. Tischri gefeiert. Es hat eine sehr lange Tradition, die im Buch Leviticus festgehalten ist: »In Hütten sollt ihr sieben Tage lang wohnen, damit eure Geschlechter wissen, daß ich

Die allgemeinen jüdischen Feste

die Kinder Israels in Hütten wohnen ließ, als ich sie aus dem Lande Ägypten führte«.

Somit war das Fest zunächst eine Art Erntedankfest zum Gedenken an die glücklich überstandene Wanderung durch die Wildnis. Zu diesem Zweck wurde eine Hütte gebaut, die daran erinnern sollte, daß Israel zu jener Zeit keine feste Behausung hatte. Während der Festtage ist die *Sukkah* der Hauptwohnsitz frommer Juden. *Sukkot* ist eines der drei Pilgerfeste, zu dem man sich vornehmlich in Jerusalem versammelte. Während der Feiertage glich ganz Jerusalem einer einzigen großen Hütte.

Zur Zeit der Bibel war das Fest offensichtlich mit dem Ackerbaujahr verbunden. Daran erinnert ein Feststrauß, der *Lulav*, aus den sogenannten Vier Sorten, der während der Gottesdienste verwendet werden sollte und aus einem Palmzweig, drei Myrtenzweigen, zwei Bachweidenzweigen und der Paradiesesfrucht Etrog besteht. Heutzutage ist es üblich, sowohl zu Hause wie auch in der Synagoge eine *Sukkah* zu bauen, obgleich es in kälteren Klimazonen keine Pflicht gibt, in ihr zu schlafen. Zum Teil handelt es sich bei diesen Hütten um kunstvolle Gebilde.

Am ersten Tag wird als Teil der Liturgie in der Synagoge der *Lulav* in alle Richtungen geschwenkt, und die Gemeinde geht in einer Prozession um die *Bimah* als Erinnerung an die Prozession um den Altar des Tempels in Jerusalem. Der siebte Tag wird als *Hoschana Rabba* (»Großer Lobpreis«) bezeichnet; bei einem siebenmaligen Umzug durch die Synagoge werden Gebete für eine gute Ernte im nächsten Jahr gesprochen und das Buch Deuteronomium studiert.

Auf diesen siebten Tag des Festes folgt *Schemini Atzeret* (»Der achte Tag ein Festtag«), der Abschluß des Festes, der wiederum aus zwei Tagen besteht, dessen zweiter Tag als *Simchat Torah* (»Sicherfreuen an der *Torah*«) bezeichnet wird. An diesem Tag wird der Zyklus der *Torah*lesungen vollendet und mit Genesis 1 erneut begonnen. Während an Sabbaten eine *Torah*rolle und an Feiertagen zwei aus der

Lade geholt werden, nimmt man an *Simchat Torah* alle heraus.

Derjenige, der die Ehre hat, den letzten Abschnitt der *Torah* verlesen zu dürfen, wird als *Chatan Torah*, als »Bräutigam der *Torah*«, bezeichnet. Er wird symbolisch mit der Gemeinde verheiratet und tritt wie ein echter Bräutigam unter einen Baldachin. In Israel werden *Schemini Atzeret* und *Simchat Torah* am selben Tag mit Tanz, Gebet und Gesang gefeiert, aber in der Diaspora besteht der Abschluß immer noch aus zwei Tagen.

Chanukkah

Das hebräische Wort *Chanukkah* bedeutet »Weihe« und ist zugleich der Name des jüdische Lichterfestes. Das Chanukkahfest beginnt am 25. Kislev und dauert acht Tage. Anlaß dieses Festes ist die Errettung der jüdischen Gemeinschaft vor der Bedrohung durch den Seleukidenherrscher Antiochos IV. Epiphanes (reg. 175–164 v. Chr.), der den Tempel zu Jerusalem durch das Aufstellen einer Zeusstatue entweiht hatte. Gefeiert wird aber nicht der militärische Sieg, sondern die Reinigung des Tempels durch Judas Makkabäus nach der hellenistischen Entweihung sowie die Neueinweihung, die am 25. Kislev stattfand.

Die Feiern dauern acht Tage, was auf die legendäre Geschichte vom heiligen Öl zurückgeht, dessen Bedarf bei der Reinigung des Tempels nur für einen Tag reichte, aber auf wunderbare Weise acht Tage lang brannte. Deswegen wird *Chanukkah* auch *Hag Haurim* (»Fest der Lichter«) genannt.

In den Tagen des zweiten Tempels war es Brauch, im Tempelhof Wasser zu schöpfen und Fackeln und Lampen zu entzünden. Nach der *Halachah* sollen die *Chanukkah*-Lichter außerhalb des Hauseinganges aufgestellt werden oder auf einem Fenstersims, von dem aus man die Straße überblicken kann. Beim Anzünden der Lampe werden zwei Segenssprüche gesprochen, einer für das Licht und einer für das Wunder. In der ersten Nacht wird ein Licht angezündet, dann jede Nacht ein weiteres, bis am achten Tag alle acht Lichter auf der *Menorah,* dem Leuchter, brennen. Nachdem das Licht angezündet ist, beginnt man mit einem kurzen Gebet, dem *Ha-nerot hallalu* (»diese Lampen«). Dazu gehört eine kurze Zusammenfassung der *Chanukkah*-Erzählung in der *Amidah,* einem aus achtzehn Segen bestehenden Gebet. Nach den Mahlzeiten wird eine Danksagung gesprochen. An jedem Tag des Festes wird der *Hallel,* d. h. Psalm 113 bis 118 in der Synagoge gebetet, und es ist verboten, zu fasten oder die Toten zu preisen.

Chanukkah war seit dem Mittelalter ein sehr volkstümliches Fest. Nach Maimonides »soll sogar der, der von Almosen lebt, seinen Mantel verpfänden oder verkaufen, um Öl und Lampen zu kaufen und die *Chanukkah*-Lichter anzünden«.

In christlichen Ländern, wo Weihnachten zum Hauptfest geworden ist, wurde *Chanukkah* zum jüdischen Gegenstück; so gibt es Geschenke für die Kinder. Für den Staat Israel ist das Fest besonders bedeutsam, da es das Überleben des jüdischen Volkes symbolisiert, den Sieg der Juden über die vielen. Traditionell pflegt man an diesem Fest Karten zu spielen, was den Juden eigentlich verboten ist. Die *Chanukkah*-Lampe oder *Menorah* ist ein wichtiger Ritualgegenstand in jedem jüdischen Haushalt; sie wurde auch in das Wappen des Staates Israel aufgenommen.

Purim

Purim (»Lose«) ist jenes Fest, das an die Errettung der Juden erinnert, wie sie im Buch Esther berichtet wird. Das Buch Esther zählt zu den sogenannten Geschichtsbüchern der jüdischen heiligen Schrift, ist aber seinem Charakter nach mehr ein Märchen- oder Sagenbuch, das wahrscheinlich zur Zeit der Makkabäerkriege im 2. Jahrhundert v. Chr. entstanden ist, woher sich seine stark patriotische, ja sogar chauvinistische Gesinnung erklären läßt.

Die Erzählung berichtet von der Jüdin Esther, die die Gemahlin des persischen Königs Ahasveros wurde, nachdem dieser seine bisherige Ehefrau Vaschthi verstoßen hatte. Eine wichtige Rolle spielt in dieser Geschichte Esthers Onkel Mordechai, der sich weigerte, den Anordnungen des Premierministers Haman zu folgen, die besagten, daß sich alle Bediensteten am Königshof vor ihm verbeugen mußten. Darauf drängte Haman den König, alle Juden im Reich auszurotten. Um den Tag der Vernichtung zu ermitteln, ließ Haman Lose *(Purim)* werfen, und das Los fiel auf den 13. Adar. Als Esther von diesen Plänen erfuhr, gelang es ihr, bei einem Festmahl den König umzustimmen. Dieser läßt nun Haman an dem für Mordechai bestimmten Baum aufhängen. Zwar kann er den Beschluß der Judenvernichtung nicht mehr rückgängig machen, doch er erlaubt den Bedrängten, sich zur Wehr zu setzen. An dem für die Liquidierung vorgesehenen Tag üben die Juden furchtbare Rache und töteten über fünfundsiebzigtausend ihrer Feinde. Dieser Racheausbruch, der wie die ganze Geschichte wahrscheinlich jeglichen historischen Hintergrunds entbehrt, wurde zum Beispiel von der nationalsozialistischen Propaganda dazu benutzt, das Bild vom rachsüchtigen Juden zu zeichnen, dem es sogar in einem Gastland gelingt, den dortigen Herrscher zu manipulieren.

Das Buch Esther ist im übrigen das einzige biblische Buch, das nicht den Namen Gottes erwähnt; die Namen Esther und Mordechai wiederum scheinen auf die altbabylonischen Gottheiten Ischtar oder Astarte (die Göttin der Liebe) und Marduk (den Herrn des babylonischen Pantheons) hinzuweisen.

Das Fest war zunächst ein weltliches Fest und wurde erst relativ spät mit dem Synagogengottesdienst in Verbindung gebracht. Man feiert es am 14. Adar; an diesem Tag wird die *Rolle der Esther* in der Synagoge gelesen.

Purim ist ein ausgesprochenes Freudenfest, und es heißt, daß ein Mann sich so auf der Feier betrinken sollte, daß er die Namen Haman und Mordechai nicht mehr unterscheiden kann. Darüber hinaus ist es vor allem ein Kinderfest, an dem sich die Kinder aus diesem Anlaß verkleiden. Überhaupt herrscht eine Karnevalsatmosphäre vor. Immer wenn beim Vorlesen der Esthergeschichte der Name Haman vorkommt, machen die Kinder einen riesigen Lärm mit Rasseln, und sie klopfen mit Stöcken auf den Boden. *Purim*-Schauspiele sind dramatische Darstellungen religiöser Themen, die sich von *Purim* herleiten, aber nicht auf dieses Fest oder die ihm zugrundeliegende Erzählung beschränkt sind.

Einer der Höhepunkte der *Purim*feierlichkeiten ist die Wahl der *Purim*-Königin, die die Rolle der Esther übernimmt. Man wählt dafür zumeist ein junges hübsches Mädchen aus, bisweilen aber auch eine Frau, die sich um die Gemeinde besonders verdient gemacht hat.

Haman, der in der Makkabäerzeit wahrscheinlich als Chiffre für die hellenistischen Verfolger stand, gilt bis auf den heutigen Tag als der Prototyp des Verfolgers des jüdischen Volkes. Umso verständlicher ist die Freude, mit der dieses Fest gefeiert wird, da man an ihm vieler Errettungen gedenken kann.

Pessach-Fest

Das *Pessachfest* ist eines der jüdischen Hauptfeste, das sogar von weltlichen Juden gefeiert wird. Als eines der drei Pilgerfeste erinnert es an die Befreiung aus der Knechtschaft Ägyptens. Ursprünglich gab es zwei getrennte Feste zur gleichen Jahreszeit, den *Pessach,* der sich auf den Schutz der Herden bezieht, und das »Fest des Ungesäuerten Brotes«, in dem Gott die Ernte des nächsten Jahres anvertraut wird. Bei der Zentralisierung des Tempelkultes in Jerusalem wurden die beiden Feste zusammengelegt.

Das Fest beginnt am 15. Nisan und dauert sieben Tage in Israel und acht in der Diaspora. Während dieser Zeit wird des Auszuges aus Ägypten und insbesondere der Tötung der Erstgeborenen unter den Ägyptern (der sogenannten »zehnten Plage«) gedacht. Denn der Name *Pessach* bedeutet Überschreitung, weil Gott über die Häuser der Kinder Israels »hinweggeschritten« ist (d. h. sie verschont hat), als er die Erstgeborenen Ägyptens tötete. Zuvor hatte Gott den Israeliten geboten, ihre Türpfosten mit dem Blut eines Passalammes zu bestreichen.

Dieses Ereignisses wird insbesondere am Vorabend des Pessachfestes, dem 14. Nisan, gedacht, an dem traditionell das Osterlamm im Tempel geopfert wurde. Da dieser Abend nach einer streng festgelegten Ordnung (hebr. *Seder*) abläuft, heißt es *Seder*-Abend. Nach der Zerstörung des Tempels wurden die Feiern des Festes eine Angelegenheit der Wohnhäuser, und der *Pessach Seder* beruht auf dem biblischen Gebot »Du sollst zu deinem Sohn an diesem Tag folgendes sagen: Es geschieht um dessentwillen, was der Herr an mir getan hat, als ich aus Ägypten wegzog«.

Die besondere Gottesdienstordnung wurde im Mittelalter formuliert. Während der *Pessach*zeit darf sich kein *Chamez* (»Sauerteig«) im Haus befinden, stattdessen wird *Mazzah*, ungesäuertes Brot gegessen. Dieser Brauch erinnert an den eiligen Aufbruch aus Ägypten, der keine Zeit zum Durchsäuern des Brotes ließ. Zur *Seder*-Feier, die eine häusliche ist, gehören Betrachtungen über die endgültige Erlösung; so ist für Elias, den Boten des Messias, ein Platz vorbereitet. In der Diaspora wird ein *Seder* sowohl in der ersten wie der zweiten Nacht des *Pessach* gefeiert, und in der zweiten Nacht beginnt man mit der Zählung des *Omer* (siehe unten).

Der *Seder*-Abend mit seinem aufwendigen Festmahl bietet besondere Gelegenheit, Gäste einzuladen, weil hier der Befreiung aus der Knechtschaft Ägyptens gedacht wird. Die aufgetragenen Speisen haben symbolische Bedeutung. So stehen die *Mazzot* für die ungesäuerten Brote des Elends der Knechtschaft, die gerösteten Knochen des Lammes erinnern an das Passalamm, und die bitteren Kräuter an die Not der Ahnen. Ein ebenfalls serviertes Ei steht für die Fruchtbarkeit, aber auch für die Unbeständigkeit des menschlichen Lebens. Das jüngste Kind stellt ritualistische Fragen, auf die der Hausvater mit der Geschichte vom Auszug aus Ägypten antwortet.

Lag Ba-Omer

Lag Ba-Omer (»dreiunddreißigster des Omer«) ist ein Festtag, der am 33. Tag eines als Omer (»Garben«) bezeichneten Zeitraums, d. h. am 18. Iyyar, gefeiert wird. Zwischen *Pessach* und *Schavu'ot* war es üblich, das sogenannte Omerzählen über einen Zeitraum von fünfzig Tagen durchzuführen. In biblischer Zeit entsprach diese Zeitspanne etwa der Zeit zwischen der frühen und der späten Ernte im Frühling und erinnert an das Gebot Gottes, nach Darbringung der Erstlingsfrüchte sieben volle Wochen zu zählen, um dann dem Herrn ein Speiseopfer vom neuen Getreide zu bringen.

Die Tage des Omerzählens galten aufgrund verschiedener historischer Ereignisse als eine Zeit des Unglücks. So sollen in ihr während des Bar-Kochba-Aufstandes (132–135 n. Chr.) viele Schüler von Rabbi Akiba umgekommen sein. Deshalb finden in ihr keine freudigen Ereignisse wie etwa Hochzeiten statt.

Eine Ausnahme bildet dagegen der 33. des Omer, an dem die Trauerriten aufgehoben sind, Hochzeiten feierlich begangen werden können und man sich an Musik erfreuen kann. Denn an diesem Tag soll das Sterben der Akibaschüler aufgehört haben. Im Mittelalter wurde es als das Fest der Gelehrten angesehen und wurde zuerst gefeiert, weil an diesem Tag eine Pestepidemie zum Stillstand kam. In der aggadischen Tradition war dies der erste Tag, an dem es Manna gab.

Zu den mit diesem Fest verbundenen Bräuchen gehört der erste Haarschnitt von dreijährigen Jungen, Spiele mit Pfeil und Bogen und das Entzünden von Freudenfeuern.

Schavu'ot

Schavu'ot (»Wochen«), ist das jüdische Pfingstfest. Das Fest wird am 6. Sivan (und am 7. in der Diaspora) gefeiert und gehört zu den drei Pilgerfesten. Es fällt auf den fünfzigsten Tag nach dem ersten Pessachfeiertag und findet somit sieben Wochen später statt. Daher rührt sein Name. Ursprünglich bildete *Schavu'ot* das Ende der Gerstenernte und den Beginn der Weizenernte. Die Erstlingsfrüchte wurden im Tempel dargebracht. Zur Zeit der Rabbis wurde das Fest vor allem zum Jahrestag der Übergabe der *Torah* an Moses auf dem Berg Sinai.

Im Mittelalter gingen die kleinen Kinder an den *Schavu'ot* zuerst zur hebräischen Schule, und in den Reformgemeinden fand an dem Festtag die Konfirmation statt. Es ist Brauch, in der Synagoge aus dem Buch Ruth zu lesen, und zur *Torah*lesung gehören die Zehn Gebote.

Die Synagoge wird mit den in dieser Jahreszeit blühenden Blumen geschmückt, und im modernen Israel hat es Versuche gegeben, die Beziehung zur Ernte wiederzubeleben. Es ist auch üblich, Molkereiprodukte zu essen, weil das Hohelied die *Torah* mit Milch vergleicht.

Moses Maimonides

Schabbetai Zevi

Abraham Geiger

Leo Baeck

Martin Buber

Solomon Schechter

Joseph Soloveitchik

Levi ben Gershom

Jüdische Persönlichkeiten

Jüdische Persönlichkeiten

Seit den Zeiten der Patriarchen besitzen wir von zahlreichen jüdischen Persönlichkeiten mehr oder weniger detaillierte Biographien, von denen einige im hellen Licht der Geschichte stehen, andere wiederum mit dem Firnis der Legende umgeben sind. Da es unmöglich ist, auch nur in Auswahl einen repräsentativen Überblick zu geben, beschränkt sich die Darstellung hier auf den großen jüdischen Philosophen des Mittelalters schlechthin, auf Maimonides, einige bedeutende deutsche Juden der Neuzeit sowie US-amerikanische Juden, deren Einfluß auf die moderne Entwicklung des Judentums gar nicht hoch genug veranschlagt werden kann.

Moses Maimonides

Moses ben Maimon, der besser unter seinem latinisierten Namen Maimonides bekannt ist, wurde am 30. März 1135 in Córdoba im islamischen Spanien geboren. Schon früh widmete er sich dem Studium verschiedener Wissenszweige, insbesondere der Philosophie und dem Recht, unter der Anleitung arabischer Gelehrter. Als er gerade 13 Jahre alt war, d. h. im Jahre 1148, wurde Córdoba von der religiös-politischen Bewegung der Almohaden erobert, die – anders als die übrigen Muslims – gegenüber Juden und Christen unduldsam waren und diese aufforderten, sich entweder zum Islam zu bekennen oder ins Exil zu gehen. Nach langen Wanderjahren in Spanien ließ sich die Familie im ebenfalls von den Almohaden beherrschten Fes in Nordafrika nieder, wo sie nach außen hin als Muslims auftraten. Die Behörden dieser Stadt wurden aber auf den begabten jungen Mann aufmerksam und gingen der Beschuldigung nach, er sei vom Islam wieder abgefallen. Diese lebensbedrohenden Umstände veranlaßten ihn, im Jahre 1165 über Jerusalem nach Kairo zu reisen, wo er sich mit seiner Familie endgültig niederließ. Nach mehreren Jahren unglücklicher Verkettungen studierte er Medizin und wurde schließlich Leibarzt des Wesirs des berühmten Sultan Saladin (reg. 1171–1193), der inzwischen in Ägypten die Macht an sich gerissen hatte.

Während des Zeitraums von 1158 bis 1190 schrieb Maimonides Abhandlungen zum jüdischen Kalender, zur Logik und zur *Halachah*. Im Jahre 1168 vollendete er seinen Kommentar zur *Mischnah*. 1170–80 arbeitete er an seinem großen Gesetzeskodex, der *Mischneh Torah* (»Wiederholung des Gesetzes«, manchmal als »Die starke Hand« bezeichnet). Der Zweck dieses Werkes bestand darin, das gesamte mündliche Gesetz systematisch bekannt zu machen. Dabei sollten schwer verständliche Stellen und komplizierte Erörterungen unterschiedlicher Anschauungen ausgespart werden. Vielmehr sollte es aus praktischen Aussagen bestehen. Insgesamt umfaßt das Werk Gebote und Pflichten seit der Zeit des Moses bis in die Gegenwart, so daß alle Regeln für Jung und Alt zugänglich sind.

Sein großes philosophisches Werk, *Der Führer der Verwirrten* (hebr. *Moreh Nevuchim)*, ist von Aristoteles und muslimischen Philosophen beeinflußt. Dieser Führer zeigt »den Verwirrten«, d. h. denen, die keine Orientierung besitzen, wie die Heilige Schrift sowohl in einem geistlichen wie auch in einem wörtlichen Sinne interpretiert werden kann. Maimonides hatte es sich zum Ziel gesetzt, seinen Lesern »die Wissenschaft des Gesetzes in seiner wahren Bedeutung« zu offenbaren. Zu diesem Zweck diskutierte er über Gott, die Schöpfung, die Natur des Bösen, die göttliche Vorsehung und die Moral. Er formulierte auch seine Dreizehn Prinzipien des jüdischen Glaubens, die seiner Ansicht nach jeder Jude befolgen müsse und die auch weithin akzeptiert werden. Die philosophischen Gedanken des Maimonides übten einen gewaltigen Einfluß auf die jüdische Gemeinschaft aus, insbesondere in der Zeit der Aufklärung.

Maimonides vertrat die Ansicht, daß Glaube und Vernunft keine Gegensätze bilden müssen, ein Ausdruck des weitverbreiteten mittelalterlichen Ideals der Liebe zu Gott mit den Mitteln der Vernunft: »Die Grundlage und Stütze aller Weisheit ist die Erkenntnis, daß es ein ursprüngliches Wesen gibt und daß alles andere nur aufgrund der Realität seines Wesens existiert.«

Er wußte um das Problem, diesem so beschriebenen Gott Attribute zuzuschreiben. Er behauptete, daß Gott der Wissende, das Wissen und das Gewußte ist. Er wandte die rationalistische Methode auf alle Aspekte der Religion an und wurde ein kompromißloser Gegner all dessen, was der Vernunft nicht standhalten konnte. So bemerkte er zu Wundern: »Ein Wunder kann nichts beweisen, was unmöglich ist; es ist nur insofern nützlich, wenn es das bestätigt, was möglich ist.« Er glaubte stark an die Tradition der Neigungen zum Guten und zum Bösen, woraus folgte, daß jedes Individuum dafür verantwortlich ist, wenn es entweder »rechtschaffen wird wie Moses oder böse wie Jeroboam« ist. Was das Problem des Ursprungs des Bösen betrifft, so kam er zu dem Schluß, daß es keine eigenständige Existenz habe und auch nicht von Gott komme, sondern nur Ausdruck einer bestimmten Fähigkeit bzw. Möglichkeit sei.

Maimonides sah in seinem eigenen Werk eine Vermittlung all dessen, was das Judentum als Religion und Philosophie darstellt, um dem jüdischen Volk eine Anleitung zu geben, sein Verhalten in bezug auf Gott zu verändern. Dazu dienten ihm alle Bereiche des menschlichen Wissens, die geeignet erschienen, zu Gott zu führen: »Wenn du die Heilkunde verstehst, hast du die Halle betreten; und nachdem du das Studium der Naturphilosophie vollendet hast, beherrschst du die Metaphysik; du hast den innersten Hof betreten und befindest dich mit dem König im gleichen Palast.«

In seinen letzten Lebensjahren litt Maimonides immer stärker unter seiner angegriffenen Gesundheit, und er starb schließlich am 13. Dezember 1204 in Fustat (Altkairo). Sein Tod wurde von vielen Gemeinden in den unterschiedlichsten Teilen der Welt betrauert. In Fustat bei Kairo, dem Wohnsitz von Maimonides, fand eine dreitägige Trauerfeier statt, an der sowohl Juden als auch Muslims teilnahmen. In Jerusalem, das 1187 von den Muslims zurückerobert worden war, wurde zu einem allgemeinen Fasten aufgerufen, und man las aus der Schrift die Geschichte, wie die Philister die Bundeslade raubten.

Nach seinem Tod entstand zwischen den konservativen und den liberalen Juden in Frankreich und Spanien ein erbitterter Streit über Maimonides' »Führer der Verwirrten«: Der ersten Gruppe erschien er wegen seiner starken Betonung der Vernunft als ketzerisch, insbesondere auch deshalb, weil dessen Autor angeblich nicht an die Auferstehung der Toten glaubte. Der Streit wurde schließlich an die christlichen Autoritäten übergeben, und im Jahre 1232 ließen die Dominikaner im Westen Maimonides' Bücher verbrennen. Im Osten führte die Auseinandersetzung dazu, daß man sein Grab in Tiberias schändete.

Trotz dieser Anfeindungen und Unterdrückung seines Werkes wurden Teile von ihm bereits zu Beginn des 13. Jahrhunderts ins Lateinische übersetzt und beeinflußten eine Reihe christlicher Scholastiker, wie zum Beispiel Albertus Magnus und Duns Scotus. Die rationalistischen Anschauungen seines Hauptwerkes wurden für Jahrhunderte tatsächlich zu einem »Führer« für aufgeklärte Juden von Spinoza bis Moses Mendelssohn.

Schabbetai Zevi

Schabbetai Zevi ist eine jener Gestalten, die für sich in Anspruch nahmen, der Messias zu sein, wie sie im Judentum von Zeit zu Zeit immer wieder auftauchten. Er wurde am 23. Juli 1626 in der türkischen Stadt Izmir (Smyrna) geboren und erhielt dort eine gründliche Ausbildung im

Talmud und der *Kabbalah*. Danach wurde er zum Chacham geweiht, einem im Osmanischen Reich üblichen Titel für einen lokalen Rabbi.

Während seines gesamten Lebens wechselten sich bei ihm Zeiten der Niedergeschlagenheit und des Hochgefühls ab. Er heiratete zweimal, ohne mit seinen Frauen Verkehr gehabt zu haben, worauf sich beide von ihm scheiden ließen: ein Verhalten, das dem jüdischen Geist jedoch ganz und gar nicht entspricht. Durch die Beschäftigung mit der *Kabbalah* geriet er geistig völlig aus dem Gleichgewicht. Er übte sich in harter Selbstkasteiung, badete ständig im Meer – sogar im Winter –, fastete Tag für Tag und befand sich in einem Zustand ständiger Ekstase. Überdies wurde er von einigen messianischen Hoffnungen beeinflußt, die zum Teil auf apokalyptische Hoffnungen christlicher Autoren für das Jahr 1666 beruhten (weil in ihm die apokalyptische Zahl 666 vorkommt), von denen er durch seinen Vater, der für ein englisches Handelshaus arbeitete, gehört haben könnte.

Außerdem kursierte in kabbalisitischen Kreisen die Erwartung, im Jahr 1648 werde Israel durch den Messias erlöst. Daher beanspruchte Schabbetai Zevi in diesem Jahr, der Messias zu sein. Er fand aber aufgrund seines jungen Alters nur wenig Anhänger und wurde 1651 oder 1654 aus Smyrna verbannt. In Saloniki, wo er seinen Anspruch wiederholte, bereiteten ihm die Rabbis dasselbe Schicksal.

Nach zehn Jahren in Kairo erreichte ihn dort die Nachricht, daß ein in Holland lebendes jüdisches Mädchen namens Sarah von sich behauptete, sie sei die künftige Braut des Messias. Daraufhin wurde sie nach Kairo gebracht und heiratete dort Schabbetai. 1665 reiste dieser im Triumph nach Gaza, um sich mit Nathan von Gaza zu treffen. Nathan war davon überzeugt, daß Schabbetai Zevi der Messias sei, und am 17. Sivan erklärte sich Schabbetai Zevi selbst zum Messias. Er ernannte Vertreter der zwölf Stämme und ritt wie ein König auf einem Pferd um Jerusalem. Als Prophet des Messias rief Nathan das Volk zur Buße auf und sandte Briefe in die Diaspora-Gemeinden. Er prophezeite, daß Schabbetai Zevi die Krone des türkischen Sultans ergreifen und in wenigen Jahren die zehn verlorenen Stämme – jenseits des legendären Flusses Sambatyon – zurückführen werde.

Dieses Gerücht verbreitete sich in ganz Europa, doch wurde Schabbetai Zevi in Jerusalem exkommuniziert und kehrte nach Smyrna zurück. Seine gesamte Anhängerschaft befand sich zu diesem Zeitpunkt in einem Zustand messianischen Eifers. Dadurch kam es in Smyrna zu einer Spaltung in »Gläubige« *(ma'aminim)* und »Ungläubige« *(koferim)*. Die Erregung war so hysterisch, daß viele der »Ungläubigen« gezwungen waren, aus der Stadt zu fliehen.

In dem ominösen Jahr 1666 segelte Schabbetai nach Konstantinopel, entweder weil er dazu gezwungen wurde oder weil er die Hoffnung hatte, daß sich in der Hauptstadt des Osmanischen Reiches sein messianisches Schicksal erfüllen würde. Dort wurde er jedoch verhaftet.

Die Neuigkeiten von der Ankunft des Messias riefen inzwischen überaus große Erregung in der ganzen Diaspora hervor. Flugblätter und Broschüren verbreiteten sich überall in Europa. In einigen Fällen erhielt die Bewegung sogar Unterstützung christlicher Apokalyptiker, die glaubten, daß das Weltende im Jahr 1666 stattfinde. Asketische Übungen, die mit hysterischem Jubel gekoppelt waren, wurden zu alltäglichen Phänomenen, und eine neue Ära (»das erste Jahr der Erneuerung der Prophetie und des Königreiches«) wurde begründet. Nach seiner Entlassung setzte Schabbetai Zevi seine Aktivitäten aus dem Gefängnis fort, schaffte das Fasten des 17. Tammuz und des 9. Av ab und unterschrieb seine Briefe als der »erstgeborene Sohn Gottes« und sogar als »der Herr, euer Gott Schabbetai Zevi«.

Im September 1666 wurde er aber an den Hof des Sultans gebracht, wo man ihn vor die Wahl zwischen Tod oder

Bekehrung zum Islam stellte. Schabbetai Zevi konvertierte tatsächlich, nahm den Namen Aziz Mehmed Effendi an und erhielt vom Sultan eine Pension. Sein Übertritt zum Islam war ein tiefer Schock für die ganze jüdische Welt. Nathan von Gaza verteidigte dieses Verhalten damit, daß der Messias sich so verhalten müsse, bevor sich die messianischen Erwartungen erfüllen. Schabbetai Zevi selbst verhielt sich bei seinen geheimen Anhängern in Adrianopel (Edirne) weiterhin wie zuvor und wurde schließlich nach Albanien verbannt, wo er am 30. September 1676 starb.

Obwohl seine Lehre von den Rabbis unterdrückt wurde, verbreiteten sich die Gedanken Schabbetai Zevis weiter, vor allem in der Türkei, Italien und Polen. In der Folgezeit inspirierten sie nach wie vor volkstümliche Bewegungen.

Abraham Geiger

Der am 24. Mai 1810 in Frankfurt am Main geborene Abraham Geiger wurde zu einem der bedeutendsten Vertreter des Reformjudentums. Schon im Alter von drei Jahren erlernte er das hebräische und das lateinische Alphabet. Bereits in jungen Jahren war er mit dem *Talmud*, mit Geschichte, Latein und Griechisch vertraut. Dies und der Umgang mit gleichgesinnten jungen Männern führte dazu, daß er statt Theologie orientalische Philologien studierte. Für seine Dissertation über den islamischen Propheten Muhammad erhielt er 1832 einen Preis von der Universität Bonn. Im Dezember desselben Jahres wurde er Rabbi in Wiesbaden.

Schon bald machte Abraham Geiger sich als führender Exponent des Reformjudentums einen Namen. Im Jahre 1837 rief er die erste Versammlung von Reformrabbis ein. Nach Jahren in Breslau und Frankfurt am Main wurde er Rabbiner in Berlin, wo er schließlich 1872 bei der Berliner

Reformierten Gemeinde zum Direktor der Hochschule für die Wissenschaft des Judentums berufen wurde, eine Stellung, die er bis zu seinem Tod innehatte.

Er sah im Judentum einzig und allein nur eine Religion und war daher bestrebt, die Assimilierung der Juden an das Leben seines Heimatlandes zu fördern, ebenso die Gedankenfreiheit und die Freiheit der Forschung. Weil, wie er sagte, das »Judentum nicht gestattete, daß man ihm die Lehre von der Erbsünde aufpfropfte«, ist auch kein Vermittler zwischen einer Person und Gott nötig. Die Menschen müssen den von Gott gegebenen Verstand benutzen, um selbst Entscheidungen zu treffen: »Die Heiligsprechung des Nichtwissens war nie die Regel in Israel.«

Geiger leitete aus diesen Meinungen radikale Schlußfolgerungen ab, z. B. »Nicht Geburt, sondern Überzeugung macht den Juden aus«, oder: »Macht ab sofort keinen Unterschied mehr zwischen den Pflichten von Frauen und Männern, außer denen, die durch die Natur gegeben sind – nehmt keine geistliche Minderwertigkeit der Frauen an.«

Das Judentum hatte seiner Ansicht nach den gleichen universalen Auftrag, den die Patriarchen der alten Zeit hatten. Da Geiger sich jedoch mit dem deutschen Protest der Romantik gegen den Materialismus identifizierte, hatte er eine Vision einer vagen, transzendentalen Hoffnung: »Das Streben nach dem Höchsten und Edelsten, die Hingebung an das Ganze, der Aufschwung zum Unendlichen, das ist Religion.«

In seinem späteren Leben wandte er sich stärker der Tradition zu, weil er eine Spaltung unter den Juden vermeiden wollte. Daher war er, obwohl er die Beschneidung als »einen barbarischen Akt des Blutvergießens« empfand, gegen ihre Abschaffung.

Er faßte seine Ansichten über das Judentum in einer populären Reihe von Vorträgen zusammen, die unter dem Titel *Das Judenthum und seine Geschichte* in 3 Bänden

1865–1867 erschien. Er war unermüdlich schriftstellerisch tätig und der Tod nahm ihm am 23. Oktober 1874 in Berlin im wörtlichen Sinne die Feder aus der Hand.

Leo Baeck

Leo Baeck kam am 23. Mai 1873 in Lissa bei Posen (im heutigen Polen) als Sohn des Rabbi und Historikers Samuel Baeck und dessen Frau Eva Placzek zur Welt. Er wirkte von 1897 bis 1943 als Rabbi in Oppeln, Düsseldorf und Berlin und galt als einer der Führer des fortschrittlichen Judentums. Im Ersten Weltkrieg diente er als Feldrabbiner im deutschen Heer.

Schon früh schrieb er – quasi als Reaktion auf das Werk *Das Wesen des Christentums* des bekannten protestantischen Theologen Adolf von Harnack – seine Arbeit *Das Wesen des Judentums* (1905). In ihr behauptete er, daß das Judentum im wesentlichen eine Dialektik zwischen »Mysterium« und »Gebot« innerhalb eines Systems des ethischen Monotheismus sei: »Durch den Glauben erfährt der Mensch die Bedeutung der Welt, durch Handeln gibt er ihr eine Bedeutung.«

Er lehnte das Christentum als eine »romantische« Religion ab, das nach einer spirituellen Erlösung trachte, während er im Gegensatz dazu das Judentum als »klassische« Religion ansah, die nach der Vervollkommung der diesseitigen Welt strebe.

Nach dem Ersten Weltkrieg wurde er mit sehr vielen Aufgaben betraut: Er wurde Sachverständiger für jüdische Angelegenheiten im preußischen Kultusministerium, Vorsitzender des Allgemeinen Deutschen Rabbinerverbandes sowie 1929 Mitglied der Jewish Agency. Als sich die jüdischen Verbände und Gemeinden 1933 nach der Machtergreifung der NSDAP in der »Reichsvertretung der deutschen Juden« zusammenschlossen, wurde er deren Vorsitzender. Als solcher verteidigte er die Rechte der Juden in

Nazi-Deutschland und lehnte alle Angebote, das Land zu verlassen, ab. In dieser schwierigen Zeit gab er 1938 sein Buch *Das Evangelium als Urkunde der jüdischen Glaubensgeschichte* heraus. 1943 wurde er in das Konzentrationslager Theresienstadt deportiert. Nach dem Krieg ließ er sich in London nieder und lehrte dann in jedem Winter in den USA am Hebrew Union College in Cincinnati. Seine Lehrtätigkeit setzte er aber auch in Israel und Deutschland fort.

In Deutschland nahm er bereits ab 1948 an Versuchen neuer Gespräche zwischen Juden und Christen teil. Als er am 2. November 1956 in London starb, verschied mit ihm der letzte große Vertreter des deutschen liberalen Judentums.

Martin Buber

Martin Buber war sowohl ein bedeutender Philosoph als auch ein zionistischer Führer. Geboren am 8. Februar 1878 in Wien, wuchs er zunächst in einer großbürgerlichen Familie seiner Eltern auf. Nach deren Scheidung verbrachte er seine Jugendjahre 1881–1892 im Haus der Großeltern im damals zu Österreich–Ungarn gehörenden Lemberg. Sein Großvater führte ihn in die religiöse und geistige Welt des Judentums ein, seine Großmutter begeisterte ihn für die schöne Literatur. Weil er in Lemberg das polnische Gymnasium besuchte, wurde er auch mit dem slawischen Kulturkreis vertraut. Dies brachte ihn auch mit dem chassidischen Ostjudentum in Berührung, obwohl er selbst als kulturell assimilierter Westjude heranwuchs.

Die Vielfältigkeit seiner Interessen spiegelt sich in seinen Studienfächern Philosophie, Germanistik, Klassische Philologie, Literatur- und Kunstgeschichte, Psychiatrie und Nationalökonomie wider. Sein Studium führte ihn seit 1896 von Wien über Leipzig und Berlin nach Zürich. Sehr wichtig für seine geistige Entwicklung war seine Beschäftigung mit Nietzsche und mit den Mystikern der Renaissance- und Reformationszeit.

Buber schloß sich schon früh der zionistischen Bewegung an und gründete 1898 eine zionistische Ortsgruppe in Leipzig. Er wurde Redakteur der zionistischen Zeitschrift *Die Welt* und betonte die Bedeutung der Bildung; unter anderem trat er deshalb als ein Vertreter der »kulturzionistischen« Richtung gegen die national-politischen Zionisten auf, was zum Bruch mit Theodor Herzl führte.

1916 gründete Buber die Zeitschrift *Der Jude,* die zu einem wichtigen Organ der jüdischen Erneuerungsbewegung in Mitteleuropa zwischen den beiden Weltkriegen wurde. Er betonte als »hebräischer Humanist« die Rechte der Araber und stellte fest, »daß das jüdische Volk seinen Wunsch zum Ausdruck bringt, mit dem arabischen Volk in Friede und Brüderlichkeit im gemeinsamen Heimatland zu leben«.

In seinem überaus produktiven literarischen Schaffen beschäftigte er sich auch mit östlicher Philosophie und veröffentlichte 1909 unter dem Titel *Reden und Gleichnisse des Tschuang-tse* eine Übersetzung des Werkes des chinesischen Daoisten Zhuang Chou oder Zhuangzi (»Meister Zhuang«). Sein schon in frühen Jahren gewecktes Interesse für die osteuropäischen Chassidim schlug sich ebenfalls in mehreren Büchern nieder. Er wurde in Frankfurt am Main schließlich Professor für jüdische Religion und Ethik. Sein berühmtes Werk *Ich und Du* erschien 1923 und enthält seine bekannte Philosophie des Dialogs. Er unterschied zwischen den »Ich-Es«-Beziehungen, die unpersönliche Handlungen sind, um ein bestimmtes Ziel zu erreichen, und den »Ich-Du«-Beziehungen, die auf Gegenseitigkeit ausgerichtet und offen sind. In konsequenter Fortführung dieses Gedankens charakterisierte er Gott als »ewiges Du«, als denjenigen, der nur durch unmittelbare persönliche Beziehung erkannt werden kann.

Nach der Machtergreifung der Nazis legte Buber vor dem offiziellen Entzug der Lehrtätigkeit seine Venia legendi nieder, betätigte sich dann aber am Aufbau einer »Mittelstelle für jüdische Erwachsenenbildung bei der

Reichsvertretung der Juden in Deutschland«. 1935 wurde ihm jedoch jegliche öffentliche Lehrtätigkeit untersagt. Nach der Pogromnacht im November 1938 ließ sich Buber in Israel nieder, wo er der erste Präsident der Israel Academy of Sciences and Humanities (1960–1962) wurde.

Er hielt häufig Vorlesungen in Europa und den Vereinigten Staaten, und sein Werk hat sowohl jüdische als auch christliche Theologen tief beeinflußt. Er war ein früher Verfechter des jüdisch-christlichen Dialogs und bezog sich auf Jesus als »meinen Bruder«, mit dem er sich im Leiden und im Prophetendienst verbunden fühlte: »Wir Juden, vom Blute des Amos und Jeremiah, von Jesus und Spinoza und all der Welterschütterer, die bei ihrem Tode erfolglos waren, wir kennen eine von dieser Welt verschiedene, die als einzige Erfolg verspricht.« Martin Buber starb am 13. Juni 1965 in Jerusalem.

Solomon Schechter

Solomon Schechter wurde am 7. Dezember 1847 in Focşani, im heutigen Rumänien, geboren. Sein Name leitet sich vom Beruf seines Vaters her, der als Schächter arbeitete, also rituell reine Schlachtungen vornahm. Als junger Mann studierte Solomon Schechter in Lemberg, dann von 1875 bis 1879 in Wien. Seit 1879 studierte er an der Berliner Hochschule für die Wissenschaft des Judentums. Dort traf er auf den später berühmten englischen Rabbiner Claude Montefiore, der ihn nach England einlud. Schechter lehrte rabbinische Studien an der Universität von Cambridge (1890–1898) und wurde 1899 Professor für Hebräisch am University College in London.

Ihm ist es zu verdanken, daß die Handschriften und Bruchstücke der sogenannten Kairo-*Genizah* gerettet und nach England gebracht wurden: Eine *Genizah* ist ein Aufbewahrungsort für nicht mehr gebrauchte Bücher und Ritualgegenstände; die von Kairo hatte bereits ein beträchtliches Alter und war daher von besonders hohem Wert.

Nach einer Einladung durch eine Anzahl führender US-amerikanischer Juden wanderte Schechter in die USA aus, wo er seit 1902 Präsident des Jüdisch-theologischen Seminars wurde. Er war einer der Hauptvertreter des Konservativen Judentums in Amerika, und seine *Studies in Judaism* (1896–1924) und *Some Aspects of Rabbinic Theology* (1909) gelten als Klassiker dieser Strömung.

Er verteidigte traditionelle Wege und Werte gegen das, was er als Assimilationstendenzen des Reformjudentums betrachtete. Daher begrüßte er den Aufstieg des Zionismus, in dem er ein Bollwerk gegen die Assimilierung sah, welche seiner Ansicht nach langfristig zum Absterben der jüdischen Identität führen mußte. Er akzeptierte aber, daß Veränderung und Entwicklung in der *Halachah* durchaus wünschenswert sind, besonders wenn von den Gläubigen bis zu einem gewissen Grad der Wunsch nach einem Konsens geäußert wird. In diesem Sinne sprach er von den Gläubigen als »katholisches Israel« oder das »katholische Gewissen Israels«.

Gleichzeitig suchte er keine Übereinstimmung um jeden Preis. Er glaubte, daß das »Meer des Talmud« auch seinen Golfstrom der Mystik habe, und daß das große Geschenk des jüdischen Volkes an die Welt nicht die Erfindung des Buchdrucks oder die Entdeckung Amerikas war, sondern daß »wir der Welt das Wort Gottes gegeben haben«. Solomon Schechter starb am 19. November 1915 in New York City.

Joseph Soloveitchik

Joseph Soloveitchik wuchs nach seiner Geburt am 27. Februar 1903 in Pružan in Polen als Sproß einer berühmten Rabbinerfamilie auf. Er genoß sowohl eine Ausbildung im *Talmud* als auch eine weltliche Erziehung. Mit 22 Jahren begann er sein Studium an der Universität Berlin, wo er auch promovierte. Soloveitchik, der von seiner ganzen Gesinnung her zu den orthodoxen Juden zählte, war ein bedeutender *Talmud*gelehrter.

1932 wanderte er in die USA aus und wurde in Boston orthodoxer Rabbiner. Er gründete ein Institut für fortgeschrittene *Talmud*-Studien, das auf die Bedürfnisse des großen Zustroms von Flüchtlingen aus Europa einging. Einen hohen Bekanntheitsgrad erhielt er aber erst, als er begann, an der Yeshiva-Universität in New York zu lehren.

Er glaubte fest daran, daß es die Berufung der Juden sei, alle Dinge zu heiligen, so wie Gott es befohlen hatte, und nicht einfach hinzunehmen, daß sie heilig sind, weil Gott sie so geschaffen habe. Diese religiöse Pflicht zur Heiligkeit verlangt aber die peinlich genau Beachtung jeder Einzelheit der *Halachah*. Das hatte zur Folge, daß der Gelehrte sich nicht mit den Veränderungen im modernen Leben arrangierte.

Soloveitchik persönlich glaubte, daß die Verteidigung der Klagemauer in Jerusalem kein einziges Leben wert sei und die Juden vielmehr zur Heiligkeit berufen seien, die für ihn von übergeordneter Bedeutung war. Diese Ansichten vertrat er aber nicht öffentlich.

Einem Dialog mit anderen Religionen erteilte er eine Absage. Juden und Nichtjuden können zwar Bürger eines Landes sein und sind Mitglieder der menschlichen Gemeinschaft. Eine Zusammenarbeit mit Nichtjuden und nichtjüdischen Religionsgemeinschaften ist daher auf sozialem Gebiet zur Förderung der menschlichen Wohlfahrt möglich und vielleicht sogar wünschenswert. Eine religiöse Zusammenarbeit aber erachtete er als unmöglich, weil das Judentum nur existentiell erfaßt werden kann und nicht etwa logisch. Daher ist es nach seiner Ansicht nicht diskutierbar.

Seine Kritik an nicht-orthodoxen Juden bezieht sich vor allem darauf, daß diese nur die Vernunft zur Richtschnur ihres Handelns nehmen. Daher kommen sie über die Begrenztheit des eigenen Selbst nicht hinaus und können die wahrhafte Aufgabe eines Juden gar nicht begreifen.

In zunehmendem Alter bediente sich Rabbi Soloveitchik – wie auch seine Anhängerschaft – der modernen Massenmedien, wodurch es ihm gelang, seine Lehre stark zu verbreiten. Er starb im Februar 1993.

Levi ben Gershom (Gersonides)

Dieser jüdische Philosoph und Kommentator der Bibel und des *Talmud* wurde 1288 in der südfranzösischen Stadt Bagnols in der Provence geboren, weshalb er bisweilen auch als Leon de Bagnols bezeichnet wird. Neben dieser Tätigkeit beschäftigte er sich mit Mathematik und Astronomie, Logik, Physik und Medizin.

Als bedeutender Talmudgelehrter schrieb er einen Kommentar zu den *Berachot*, dem ersten Traktat des *Talmud*, der verlorengegangen ist, und vielleicht einen Kommentar zu den dreizehn hermeneutischen Regeln des im 2. Jh. n. Chr. lebenden Rabbi Ishmael.

Zu seinen Bibelkommentaren gehören Arbeiten zu den Büchern Hiob, dem Hohelied, Ecclesiastes, Ruth, Esther, den früheren Propheten, den Sprüchen, Daniel, Nehemiah, den Chroniken und dem Pentateuch.

Zu seinen philosophischen Arbeiten gehören mehrere Kommentare zu den Paraphrasen des muslimischen Philosophen Ibn Ruschd (Averroes) und Kommentare zu Aristoteles, woraus man schon ablesen kann, daß er wie der große Maimonides der Vernunft einen hohen Stellenwert beimaß.

Sein philosophisches Hauptwerk war der *Sefer Milhamot Adonai* (das Buch der Kriege des Herrn), der zwischen 1317 und 1329 geschrieben wurde (eine deutsche Teilübersetzung von B. Kellermann erschien 1914–16 unter dem Titel *Die Kämpfe Gottes*). Es umfaßt sechs Teile und widmet sich der Unsterblichkeit der Seele, der Prophetie, dem göttlichem Wissen, der Vorsehung, den Himmelssphären und der Schöpfung.

Besonders hier kommt zum Ausdruck, daß er der gottgeschaffenen Vernunft den Vorrang gab: »Das Gesetz kann nicht verhindern, das als wahr anzuerkennen, wozu die Vernunft uns zu glauben zwingt.«

Aus diesem Grund (und den sich daraus ergebenden Konsequenzen) wurde er heftig von dem spanisch-jüdischen Philosophen Hasdai Crescas (ca. 1340–1412) und des iberisch-jüdischen Philosophen Isaak Abrabanel (1437–1508) kritisiert. Bisweilen wurden Levis Werke als »Kriege gegen den Herrn« bezeichnet. Dennoch waren seine Ideen sehr einflußreich, und er wird zu den größten der jüdischen Philosophen gerechnet.

Im Gegensatz zu Aristoteles, der Gottes Wissen auf die Universalien beschränkt hatte, vertrat Gersonides die Ansicht, daß Gott im buchstäblichen Sinne allwissend sei und auch alle Ereignisse der Zukunft kenne: dies sei kein Widerspruch zu Gottes Einheit und Unveränderlichkeit.

Obwohl er zu den Juden gehörte, die in der Provence während der sogenannten »Babylonischen Gefangenschaft der Päpste« in Avignon unter deren Schutz standen, kam es auch hier zu Ausschreitungen, die er bitter beklagte.

Er starb am 20. April 1344 in Perpignan.

Der jüdische Kalender

Zahlenspiegel

Glossar

Weiterführende Literatur

Anhang

Der jüdische Kalender

Der jüdische Kalender orientierte sich an der Schöpfung der Welt, die traditionsgemäß auf das Jahr 3761 v. Chr. festgelegt wurde. Es läßt sich aber nicht genau feststellen, wann man sich auf diese Zahl einigte, die auf Berechnungen aus den Angaben der Bibel beruht. So begann das Jahr 5000 am 1. September 1239 n. Chr. Demnach entspricht das Jahr 2000 der christlichen Zeitrechnung dem Zeitraum vom 23. Tevet 5760 bis zum 5. Tevet 5761 des jüdischen Kalenders.

Das jüdische Jahr richtet sich nach dem Mond und hat 354 Tage im Jahr mit zwölf Mondmonaten; bisweilen besteht ein solches Jahr aus 355 oder 353 Tagen. Um dieses Mondjahr nicht zu sehr vom solaren Jahr von 365,2422 Tagen abweichen zu lassen, wurde innerhalb eines Zyklus von neunzehn Jahren siebenmal ein Schaltmonat, der Adar II, hinzugefügt, so daß diese Schaltjahre aus 383, 384 oder 385 Tagen bestehen.

Die Monate erhielten während der Exilzeit nach der Zerstörung des ersten Tempels babylonische Namen: Tischri (September-Oktober), Heschvan (Oktober–November), Kislev (November–Dezember), Tevet (Dezember–Januar), Schevat (Januar–Februar), Adar (Februar-März), gegebenenfalls der Schaltmonat Adar II, Nisan (März–April), Iyyar (April–Mai), Sivan (Mai–Juni), Tammuz (Juni–Juli) Av (Juli–August), Elul (August–September).

Das Jahr beginnt im Herbst mit dem 1. Tischri am Rosch ha-Schanah. Bis zum 16. Jahrhundert berechneten die Juden in orientalischen Ländern ihre Daten nach der Seleukiden-Ära, die im Herbst des Jahres 312 v. Chr. begann.

Ein Tag beginnt und endet mit Sonnenuntergang (»Und es ward Abend und es ward Morgen, ein Tag«: Genesis 1, 5). Weil ein gewisser Zweifel darüber herrscht, welcher der erste Tag des Monats *(Rosch Chodesch)* ist, werden in der Diaspora von den Orthodoxen alle Feste – mit Ausnahme des *Yom Kippur* – an zwei aufeinanderfolgenden Tagen gefeiert.

Tischri (September–Oktober)
   1. Rosch-ha-Schanah (Neujahr) (I)
   2. Rosch-ha-Schanah (Neujahr) (II)
  10. Yom Kippur
  15. Sukkot (Laubhüttenfest) (I)
  16. Sukkot (II)
  22. Schemini Atzeret (Abschlußfest)
  23. Simchat Torah (Fest der Freude über das Gesetz)

Heschvan (Oktober–November)

Kislev (November–Dezember)
  25. Chanukkah (Lichterfest) (I)

Tevet (Dezember–Januar)
   2. Chanukkah (VIII)
  10. Tevet-Fastentag

Schevat (Januar–Februar)
  15. Tu be-Schevat (Neujahrsfest der Bäume)

Adar (Februar–März)
  13. Fasten der Esther
  14. Purim (Lose, das Fest der Esther)
  15. Schuschan Purim

[gegebenenfalls Schaltmonat Adar II]

Nisan (März–April)
  15. Pessach (I)
  21. Pessach (VII)
  22. Pessach (VIII)
  27. Yom ha-Scho'ah (Tag des Holocaust)

Iyyar (April–Mai)
   5. Yom ha-Azma'ut (Israelischer Unabhängigkeitstag)
  18. Lag ba-Omer (33. Tag nach der Zählung Omers)

Sivan (Mai–Juni)
   6. Schavu'ot (Wochenfest) (I)
   7. Schavu'ot (Wochenfest) (II)

Tammuz (Juni–Juli)
   17. Tammuz-Fastentag

Av (Juli–August)
   9. Tischa be-Av (Fastentag anläßlich der Zerstörung des Tempels)

Elul (August–September)

Zahlenspiegel

14. Jahrhundert v. Chr. Erwähnung der Habiru, umherstreifender Nomaden, in ägyptischen Inschriften; möglicherweise ist »Habiru« mit »Hebräer« identisch.

Seit etwa dem 12. Jahrhundert v. Chr. Landnahme der Israeliten in Kanaan; diesen kriegerischen Ereignissen soll der Auszug mehrerer Stämme aus Ägypten vorangegangen sein. In dieser Zeit mußte Ägypten den Ansturm der »Seevölker« (um 1190 v. Chr.) abwehren, in deren Gefolge sich wahrscheinlich auch die Philister (Peleset) gaben. Ständige kriegerische Auseinandersetzungen zwischen Israeliten und Philistern.

11. Jahrhundert v. Chr. Allmähliche Herausbildung eines israelitischen Staates unter den sogenannten Richtern.

Um 1020 v. Chr. Errichtung eines israelitischen Königreiches unter Saul.

Ca. 1000–970 v. Chr. König David, der Jerusalem erobert und zur Hauptstadt des Reiches macht.

Ca. 970–932 König Salomon; äußere Prachtentfaltung und Bau des ersten Tempels.

932 v. Chr. Teilung des Reiches in einen Nordstaat (Israel) und ein südliches Königreich (Juda), die sich rivalisierend gegenüberstehen.

8. Jahrhundert v. Chr. Auftreten mehrerer Propheten, darunter Jesaja, die hauptsächlich vor kommendem Unheil warnen.

722 v. Chr. Das Nordreich Israel wird vom Assyrerkönig Scharrukin II. erobert, seine Hauptstadt Samaria wird zerstört.

7. Jahrhundert v. Chr. Große Zeit der Propheten, darunter insbesondere Jeremia.

612-606 v. Chr. Untergang des Assyrerreiches und Aufstieg des Neubabylonischen Reiches.

597 v. Chr. Erste Verschleppung von Juden nach Babylonien.

586 v. Chr. Der babylonische König Nabu-kudurri-usur II. erobert Jerusalem und zerstört den Tempel. Damit endet das Südreich, dessen Bevölkerung größtenteils nach Babylonien verschleppt wird.

586–538 v. Chr. »Babylonische Gefangenschaft« der Juden. Im Exil beginnt die Herausbildung frommer Gemeinden.

538 v. Chr. Der Gründer des persischen Achämenidenreiches, Kurasch (Kyros II.), annektiert Babylonien und gestattet den Juden die Rückkehr in ihre Heimat und den Bau des zweiten Tempels.

515 v. Chr. Einweihung des zweiten Tempels.

Seit etwa 400 v. Chr. beginnt das Judentum zu missionieren und gewinnt Proselyten (»Neubekehrte«).

332 v. Chr. Alexander der Große unterwirft den Vorderen Orient, in den folgenden Jahren den Iran und stößt bis nach Indien vor. Er stirbt 323 v. Chr. in Babylon.

301–198 v. Chr. Nach der Niederlage des Diadochenherrschers Antigonos (Nachfolger Alexanders d. Gr.) kommt Palästina unter die Diadochendynastie der Ptolemäer, deren Stammland Ägypten ist.

Im 3. Jahrhundert v. Chr. durchdringt die hellenistische Kultur auch das Judentum und führt teilweise zur Abkehr vom jüdischen Gesetz und Brauchtum. In diese Zeit entsteht auch die erste griechische Bibelübersetzung, die Septuaginta.

198 v. Chr. Die Seleukiden (Nachfahren von Alexanders General Seleukos I.) entreißen den Ptolemäern Palästina.

168 v. Chr. Der Seleukidenherrscher Antiochos IV. Epiphanes bekämpft die jüdische Religion und plündert den Tempel, dessen Schätze nach der Herrschertheorie, wie alle Schätze aller Tempel des Reiches, dem Herrscher zur Verfügung stehen müssen. Damit beginnt der Aufstand der Makkabäer.

165 v. Ch. Neueinweihung des Tempels und Zurückdrängung der seleukidischen Macht. Gründung eines selbständig monarchisch regierten jüdischen Staates unter der Dynastie der Hasmonäer.

2.–1. Jahrhundert v. Chr. Entstehung der religiösen Parteien der Sadduzäer, Pharisäer und Essener.

63 v. Chr. Der römische Feldherr Pompeius macht Palästina zur römischen Provinz.

37–4 v. Chr. Herodes der Große König in Abhängigkeit von Rom. Erneuerung des zweiten Tempels.

4 v. Chr. – 66 n. Chr. Palästina zerfällt in mehrere Gebiete, von denen einige von der herodianischen Dynastie beherrscht werden, während das andere unter der Administration römischer Prokuratoren steht, von denen Pontius Pilatus der bekannteste sein dürfte.

66–73 n. Chr. Jüdischer Krieg durch den Aufstand radikaler jüdischer Kräfte (»Zeloten«) gegen die römische Herrschaft.

70 n. Chr. Eroberung Jerusalems und Zerstörung des zweiten Tempels durch den Feldherrn Titus, den Sohn des Kaisers Vespasian.

73 n. Chr. Die Römer erobern die Festung Masada am Toten Meer, deren Verteidiger alle Selbstmord begehen.

132–135 Der Aufstand des Bar Kochba wird niedergeschlagen. Kaiser Hadrian verbietet den Juden den Zutritt nach Jerusalem und gründet an der Stelle der zerstörten Stadt die römische Kolonie Aelia Capitolina.

Seit dem 2. Jahrhundert n. Chr. beginnt die große Zeit der rabbinischen Tradition.

313 Das Christentum wird im Römischen Reich toleriert und später zur Staatsreligion. Damit beginnen mehr oder weniger restriktive Maßnahmen gegen Juden, die das Ergebnis einer schon lange währenden Judenfeindschaft sind.

4.-5. Jahrhundert Abschluß des Palästinensischen *Talmud*.

6. Jahrhundert Abschluß des Babylonischen *Talmud*.

636–638 Eroberung Palästinas durch die muslimischen Araber.

711–725 Eroberung der Iberischen Halbinsel durch die Araber. Damit beginnt eine große Blütezeit auch der jüdischen Kultur im muslimischen Machtbereich.

8.-9. Jahrhundert Blüte des Chasarenreiches in Südrußland, dessen Bevölkerung sich zum jüdischen Glauben bekennt.

1096 Aufruf zum ersten Kreuzzug, in dessen Gefolge im westlichen Abendland große Judenverfolgungen beginnen. Auf ihrem Höhepunkt werden Synagogen zerstört, jüdische Viertel verwüstet und viele Juden getötet. In einigen Ländern führt die Judenfeindschaft später sogar zu deren Ausweisung.

1135–1204 Lebenszeit des berühmten spanisch-jüdischen Philosophen Moses Maimonides.

Seit Ende des 13. Jahrhunderts Entstehung von Ghettos (»Judengassen«) in vielen deutschen Städten.

1348 Europäisches Pestjahr führt zur Beschuldigung der Juden, sie hätten die Brunnen vergiftet und andere Maßnahmen gegen die christliche Bevölkerung unternommen. Darauf mehren sich die Judenverfolgungen.

1478 Einführung der Inquisition in Spanien zur Verfolgung von Ketzern und Überprüfung von neubekehrten ehemaligen Juden.

1492 Vertreibung von Juden und Muslims aus Spanien, seit 1497 auch aus Portugal. Viele gehen nach Nordafrika oder in das Osmanische Reich.

Seit dem 16. Jahrhundert bieten viele protestantische Staaten Europas für Juden einen größeren Freiraum. Sie werden unter anderem auch wieder in England zugelassen; viele Juden, darunter besonders portugiesische, wandern auch in die Niederlande ein.

1648/49 Niedermetzelung unzähliger Juden in der Ukraine nach dem großen Kosakenaufstand unter Bogdan Chmielnickij. Danach entstehen messianische Hoffnungen, die zur Bewegung des Schabbetai Zevi (1626–1676) im Osmanischen Reich führen.

18. Jahrhundert Entstehung der Haskalah (»jüdische Aufklärung«): einer ihrer bedeutendsten Vertreter ist Moses Mendelssohn (1729–1786). Damit beginnt gleichzeitig die allmähliche Emanzipation.

Seit 1740 Entstehen des Chassidismus in Osteuropa.

1782 Toleranzedikt von Kaiser Joseph II.

1789 Beginn der Französischen Revolution, in deren Gefolge die Juden in den meisten westeuropäischen Staaten emanzipiert werden (zum Teil nach 1815 zunächst wieder zurückgenommen).

Seit dem 19. Jahrhundert Beginn einer großen Auswanderungswelle in die USA, die später zur Heimstatt des überwiegenden Teils der jüdischen Bevölkerung wird.

1840–1850 Große Auseinandersetzung zwischen der jüdischen Reformbewegung und der Orthodoxie in Deutschland.

1869/71 Gleichberechtigung der Juden in Preußen und im Norddeutschen Bund, ab 1871 im gesamten Deutschen Reich.

1880/81 Pogrome in Osteuropa führen zu neuen Auswandererwellen nach Westeuropa, in die USA und nach Palästina. Begründung des organisierten Zionismus.

1896 Theodor Herzl veröffentlicht sein Buch *Der Judenstaat*.

1917 Deklaration des britischen Außenministers Balfour zur Gründung einer jüdischen nationalen Heimstatt.

1933–1945 NS-Herrschaft in Deutschland und ab 1939 in den eroberten Gebieten West-, Nord- und Osteuropas. Systematische Unterdrückung und Entrechtung der jüdischen Mitbürger. Mit dem Beginn des Zweiten Weltkrieges werden die Juden aus Deutschland nach Osteuropa und Südfrankreich deportiert und später in Vernichtungslager gebracht.

Seit 1941 Systematische Deportation und Vernichtung von schätzungsweise 6 Millionen Juden.

1948 Gründung des Staates Israel. Erster Krieg mit den arabischen Nachbarstaaten.

1950 Gründung des »Zentralrates der Juden in Deutschland«.

1956 Zweiter Krieg Israels mit arabischen Staaten.

1967 Dritter Krieg Israels mit arabischen Staaten. Besetzung des Sinai und der Westbank.

1973 Vierter Krieg Israels mit arabischen Staaten. Nach langjährigen Verhandlungen wird ein Abkommen mit Ägypten über die Rückgabe des Sinai und die Aufnahme diplomatischer Beziehungen geschlossen (1979).

In den 1990er Jahren führen Palästinenserunruhen (»Intifada«) schließlich zu einem Abkommen zwischen Israel und der Palästinenserführung über die langfristig vorgesehene Errichtung eines Palästinenserstaates in den von Israel besetzten Territorien.

Glossar

Aggadah. »Erzählung«, die nicht zur *Halachah* gehört; sie umfaßt Geschichten, Legenden, ethische Richtlinien usw.

Antisemitismus. Der Begriff geht auf den deutschen Journalisten Wilhelm Marr zurück (1879) und diente zur Abgrenzung vom alten traditionellen Judenhaß aus religiösen Gründen. Er bezeichnete das politisch geprägte neuzeitliche Antijudentum auf rassistischer Grundlage. Da sich die Bezeichnung eigentlich nur auf Juden und nicht auf alle Semiten bezieht, ist er ungenau.

Bar Mitzvah und *Bat Mitzvah.* »Sohn der Pflicht« bzw. »Tochter der Pflicht«. Religiöse Mündigkeit jüdischer Jungen und Mädchen.

Glossar

Berit Milah. Beschneidung, die nur bei Knaben acht Tage nach deren Geburt stattfindet.

Chanukkah. Fest der Tempelweihe, »Lichterfest«: siehe auch das Kapitel »Feste«.

Endlösung. Die sogenannte »Endlösung der Judenfrage« war die Umschreibung der Nazis für die millionenfache Vertreibung und Ermordung der europäischen Juden, die auf der »Wannseekonferenz« im Januar 1942 beschlossen wurde.

Haftarah. Lesung aus den Prophetenbüchern.

Halachah. Das gesamte jüdische Rechtssystem oder ein bestimmtes Gesetz, das nach der Tradition auf Moses zurückgeht.

Haskalah. Die jüdische Aufklärung im 18. Jahrhundert.

Kabbalah. Die im Mittelalter entstandene jüdische Mystik.

Kaddisch. Lobgebet; das wohl bekannteste Gebet wird besonders bei Trauerfällen gesprochen.

Kol Nidre. »Alle Versprechen«. Die Anfangsworte eines jüdischen Gebetes, das am Abend des Versöhnungstages gesprochen wird.

Koscher. »Recht«, d.h. entsprechend den jüdischen Speisegesetzen. Das geschlachtete Tier muß geschächtet werden, d.h., das Blut muß ihm entzogen werden. Die Zubereitung von Speisen geschieht unter strikter Trennung von Fleisch- und Milchprodukten.

Mazzah. Ungesäuertes Fladenbrot, das in Erinnerung an den Auszug der Kinder Israels aus Ägypten in der *Pessach*-zeit gegessen wird.

Menorah. Der siebenarmige Leuchter aus dem Tempel, der im Judentum von großer kultischer Bedeutung ist.

Messias. »Der Gesalbte«, ursprünglich die Bezeichnung für die gesalbten Könige des alten Israel, dann eine zukünftige Erlösergestalt.

Midrasch. »Suchen«, der Vortrag im Anschluß an die *Torah*-Lesung in der Synagoge.

Minyan. Die Mindestzahl von zehn Leuten, die für einen Gottesdienst erforderlich ist.

Mischnah. »Wiederholung«, das mündliche Gesetz als Ergänzung der schriftlich fixierten *Torah.*

Pessach. »Vorübergehen«, d.h. »Verschonen«. Eines der großen Feste, das in Erinnnerung an den Auszug der Israeliten aus Ägypten gefeiert wird.

Pogrom. »Verwüstung«. Mit Plünderung und Gewalttaten verbundene Verfolgung einer bestimmten Bevölkerungsgruppe. Das russische Wort bezeichnete in Osteuropa vor allem derartige Ausschreitungen gegen Juden.

Purim. »Lose«. Fest, das in Erinnnerung an die Errettung der Juden vor dem persischen Minister Haman gefeiert wird.

Rabbi. »Mein Herr«. Der Gelehrte, der das jüdische Gesetz auslegt.

Rosch Chodesch. Erster Tag des Monats.

Rosch ha-Schanah. Jüdisches Neujahrsfest.

Sabbat. Der siebte Tag der Woche, der der Ruhe und der Heiligung dient.

Schavu'ot. Das Wochenfest. Siehe auch das Kapitel »Feste«.

Schofar. Aus dem Horn eines Widders hergestelltes krummes Blasinstrument, das am Neujahrsfest geblasen wird.

Sukkot. »Laubhüttenfest« im Gedenken an die Wanderung durch die Wildnis nach dem Auszug aus Ägypten.

Synagoge. Das jüdische Versammlungs- und Gotteshaus.

Talmud. »Belehrung«, »Unterweisung«. Rabbinische Auslegung des Gesetzes sowie die in zwei Rezensionen vorliegenden Textkorpora, der Palästinensische und der Babylonische Talmud.

Tanach. Abkürzende Bezeichnung für die Bücher der hebräischen Bibel.

Torah. »Lehre«. Das Moses am Sinai geoffenbarte Gesetz, auch die »Fünf Bücher Moses'«, der Pentateuch.

Zionismus. Bezeichnung für die Bewegung zur Wiederbesiedlung des Gebietes des alten Israel durch die Juden mit dem Ziel, einen eigenständigen Staat zu errichten, das 1948 verwirklicht wurde.

Weiterführende Literatur

Adam, Uwe Dietrich: *Judenpolitik im Dritten Reich.* Düsseldorf 1979.

Adler, Hans Guenter: *Die Juden in Deutschland. Von der Aufklärung bis zum Nationalsozialismus.* München 1987.

Baeck, Leo: *Vom Wesen des Judentums.* Nachdr. Darmstadt 1985.

Basnizki, Ludwig: *Der jüdische Kalender. Entstehung und Aufbau.* Frankfurt/M. 1938. Nachdr. Frankfurt/M. 1989.

Baumann, Arnulf H. (Hg.): *Was jeder vom Judentum wissen muß.* 8. überarb. Aufl. Gütersloh 1997.

Bautz, Franz J. (Hg.): *Geschichte der Juden. Von der biblischen Zeit bis zur Gegenwart.* München 1983.

Beinart, Haim: *Geschichte der Juden. Atlas der Verfolgung und Vertreibung im Mittelalter.* Augsburg 1998.

Ben-Sasson, Haim Hillel (Hg.): *Geschichte des jüdischen Volkes*. 3 Bände München 1979-81.

Benz, Wolfgang (Hg.): *Die Juden in Deutschland 1933–1945. Leben unter nationalsozialistischer Herrschaft*. München 1988.

Buber, Martin: *Ich und Du*. 11. Aufl. Heidelberg 1979.

Diederichs, Ulf (u. a. Hg.): *Dein aschenes Haar Sulamith. Ostjüdische Geschichten*. Düsseldorf, Köln 1981.

Dubnow, Simon: *Geschichte des Chassidismus*. Aus dem Hebr. von A. Steinberg. 2 Bände. Berlin 1931. Nachdr. Frankfurt 1981.

Fohrer, Georg: *Geschichte der israelitischen Religion*. Berlin 1969.

Gay, Ruth: *Geschichte der Juden in Deutschland. Von der Römerzeit bis zum Zweiten Weltkrieg*. Aus dem Engl. von Christian Spiel. München 1993.

Gilbert, Martin: *The Macmillan Atlas of the Holocaust*. London 1982.

Ders. (Hg.): *The Illustrated Atlas of Jewish Civilization*. London 1990.

Hilberg, Raul: *Die Vernichtung der europäischen Juden. Die Gesamtgeschichte des Holocaust*. Aus dem Amerikan. von Christian Seeger. Berlin 1982.

Hruby, Kurt: *Die Synagoge. Geschichte einer Institution*. Zürich 1971.

Kedourie, Elie (Hg.): *Die jüdische Welt. Offenbarung, Prophetie und Geschichte*. Deutsche Bearb. von Karl Erich Grözinger. Frankfurt/M. 1980.

Krupp, Michael: *Zionismus und der Staat Israel*. 3. Aufl. Gütersloh 1993.

Landesmann, Peter: *Die Juden und ihr Glaube. Eine Gemeinschaft im Zeichen der Tora.* München 1987.

Landmann, Salcia: *Jüdische Witze. Ausgewählt und eingeleitet von Salcia Landmann.* Olten, Freiburg/Br. 1962.

Lexikon des Judentums. Hrsg. vom Lexikon-Institut Bertelsmann. Gütersloh 1971.

Maier, Johann: *Geschichte der jüdischen Religion. Von der Zeit Alexander des Großen bis zur Aufklärung mit einem Ausblick auf das 19./20. Jahrhundert.* Bearbeitete Neuausgabe Freiburg, Basel, Wien 1992.

Maier, Johann: *Jesus von Nazareth in der talmudischen Überlieferung.* Darmstadt 1978.

Maser, Peter (Hg.): *Jüdischer Alltag, jüdische Feste.* Dortmund 1982.

Mayer, Günter (Hg.): *Das Judentum.* Stuttgart, Berlin, Köln 1994 (Die Religionen der Menschheit: 27).

Mayer, Reinhold (Hg. u. Übers.): *Der Talmud. Ausgewählt, übersetzt und erklärt.* 7. Aufl. München 1986.

Nachama, Andreas/Sievernich, Gereon (Hg.): *Jüdische Lebenswelten.* Katalog der gleichnamigen Ausstellung in Berlin, Frankfurt, Berlin 1992.

Pfaffenholz, Alfred: *Das Paradies ist freitags im Badehaus.* Lesebuch zum Judentum. Düsseldorf 1995.

Ders.: *Was macht der Rabbi den ganzen Tag?* Düsseldorf 1995.

Petuchowski, Jakob Josef: *Beten im Judentum.* Übers. Elizabeth R. Petuchowski. Stuttgart 1976.

Prijs, Leo: *Die Welt des Judentums. Religion. Geschichte, Lebensweise.* München 1982.

Ders. (Hg.): *Lebensweisheiten aus dem Judentum.* Freiburg, Basel, Wien 1981.

Ringgren, Helmer: *Israelitische Religion.* 2. Aufl. Stuttgart, Berlin, Köln 1982 (Die Religionen der Menschheit: 26).

Strack, Hermann Leberscht: *Einleitung in Talmud und Midrasch.* Mit einem Vorwort und einem bibliographischen Anhang von Günter Stemberger. München 1982.

Trepp, Leo: *Die Juden. Volk – Geschichte – Religion.* Reinbek 1987.

Wiesel, Elie: *Jude heute. Erzählungen, Essays, Dialoge.* Wien 1987.

www.gtvh.de

**2. Auflage
[3-579-00650-9]**

Georg Schwikart gibt einen Überblick über Geschichte und Glauben der Christen, ihre Kirche und ihre Gottesdienste, ihr Brauchtum und ihre Feste. Probleme der Moderne (Kirchenaustritte, wachsender Atheismus) und das Verhältnis zu anderen Religionen werden skizziert, die Vorstellung exemplarischer christlicher Persönlichkeiten rundet den Band ab.